JN114303

中堅・中小企業に対する

粉飾決算の
見分け方

増補改訂版

(株)タクミコンサルティング代表／公認会計士
石田昌宏 著

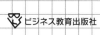

ビジネス教育出版社

は|じ|め|に

　これからの金融機関は，企業の財務内容を十分に把握することが，ますます重要になります。

　しかし，融資先の大半を占めている中小企業では，決算書の信頼性が低く，粉飾決算も少なくないので，財務分析は難しいとされています。

　多くの金融機関が，決算書に対する分析力アップに困っている現状を，私は今までの経験を通じて見てきました。

　ところが，税務会計の専門家である私には，中小企業の財務分析はとても簡単です。

　注意を要する水準に達している粉飾決算に対しては，

９割以上の確率で粉飾を見抜くことができる

　しかも，多くの場合，

25％以内の誤差で粉飾額を推定できる

と思っています。

　嘘だと思われるかもしれませんが，私は現在，さまざまな金融機関のコンサルタントとして，実際に粉飾決算を見抜くお手伝いをしています。

　必要なのは**決算書，内訳明細書，税務申告書**だけです。

　しかも，１社の分析に必要な時間は**５〜10分程度**です。

　なぜこのようなことが可能かといえば，決算書の作成実務を知っているからです。

　中小企業の決算書分析において，簿記の知識は重要ではありません。

　財務分析の解説書にある一般的な分析手法も，あまり役に立ちませ

ん。

　一番大切なのは，**決算書作成に関する実務の知識**です。

　儲かっている会社はどのように決算を組むか，逆に会社が損をした場合には決算をどうするか，さらに損失を拡大させた場合はどうか。

　それぞれの場合において，**中小企業の社長が行っている決算対策**は，実はほとんど同じです。

　それさえ知っていれば，どのような決算対策を取ったのかを確認するだけで，実際にはどのような状況だったかが推定できるので，財務分析は簡単に完了してしまいます。

　会社が儲かっているのか，収益力が落ちてきたのか，赤字体質が継続しているのかを，簡単に把握できるようになります。

　本書では，中小企業においてほとんどの社長が行っている決算対策を紹介しつつ，その知識を利用した分析方法を説明していきます。
「目からウロコ」の財務分析をお楽しみください。

　意外と簡単に，中小企業の収益力が理解できるようになると思います。

　　2008年11月

　　　　　　　　　　　　　　　　　　石　田　昌　宏

増補改訂にあたって

　初版の原稿を書いてから10年以上が経過する中で，毎年の法人税法改訂などの影響を受け，決算の実務は少なからず影響を受けてきました。しかし，会計そのものは基本的に不変なので，決算書の分析方法も大きくは変化していません。

　自信を持ってお勧めできる財務分析の方法を書いたとはいえ，内容的には珍しい分析方法なので，当初は読者に受け入れられるか少し不安でしたが，本書に対してネット上に投稿される書評等では，長きにわたって安定した評価をいただきました。

　このたび増補改訂版として，新しく改訂されるようなロングセラーとなったことをうれしく思います。

　増補改訂にあたって，解説内容を見直すとともに，プロローグとして一般的な決算書の見方を，第3章では関連会社の見方や連結決算について，巻末では実際に考えていただきたい財務分析のテスト問題とコメント解説を追加しました。

　本書が，新入行職員の研修用書籍として，また現場の第一線で活躍されている融資担当者や渉外担当者の皆さんの業務のお役に立つことができきければ幸いです。

　2021年10月

石 田 昌 宏

CONTENTS

●第1章●
中小企業における収益力の分析方法

●第2章●
中小企業における粉飾決算書の分析方法

●第3章●
その他の留意事項

●第4章●
キャッシュフロー分析の基本

●第5章●
粉飾決算を体験してみよう

●第6章●
財務分析ケーススタディ 粉飾決算を見分けるためのトレーニング

●第7章●
金融機関における財務分析業務

プロローグ

一般的な
決算書の見方

粉飾された決算書に対して，キチンと分析をする能力を身につけるために，まずは一般的な決算書の見方を確認しておきましょう。

決算書については，貸借対照表から見ていく人と，損益計算書から見ていく人があります。

どちらの順番がいいとはいえませんが，大きな金額から小さな金額へといった順番で交互に見ていくことは必要です。

今から貸借対照表と損益計算書について，最初にチェックすべき7つのポイントを説明します。

通常は貸借対照表が先に掲載されているでしょうから，ここでは貸借対照表から見ていきましょう。

簡略化した貸借対照表があります。

① まずは一番下の資産合計（負債・純資産合計）から確認します。

- 数千万円なら，従業員が数名の会社
- 数億円なら，従業員は十名前後
- 数十億円なら，従業員が数十名

といった事業規模が何となくイメージできます。

② 次に，純資産合計で自己資本を確認しましょう。

資産合計の何割が，自己資本で調達できているかがわかります。

資産合計の2割以上あるかどうかをひとつの目安として，その財政状態の程度を判断しましょう。

③ 次いで，資本の内訳から剰余金の額を確認しましょう。

会社設立時期がわかるようならば，剰余金の額を経過年数で割ることによって，1年当たりの内部留保額が計算できます。

④ 資産のうち，主なものは何かを金額欄で確認しましょう。

⑤ また，借入金の大きさも確認しましょう。

貸 借 対 照 表

（単位：千円）

科　　　目		金　　額	科　　　目		金　　額
流　動　資　産		(339,787)	流　動　負　債		(273,611)
現　金　預　金	④	55,820	支　払　手　形		16,240
受　取　手　形	④	58,411	買　　掛　　金		82,456
売　　掛　　金	④	113,588	短　期　借　入　金	⑤	162,586
棚　卸　資　産	⑦	69,100	未　　払　　金		2,009
短　期　貸　付　金	⑦	40,000	未　払　法　人　税　等		8,852
未　収　入　金	⑦	3,503	未　払　費　用		236
仮　　払　　金	⑦	45	預　　り　　金		412
貸　倒　引　当　金		▲ 680	賞　与　引　当　金		820
固　定　資　産		(132,193)	固　定　負　債		(56,500)
有形固定資産		(102,293)	長　期　借　入　金	⑤	54,000
建　　　　物	④	51,523	退　職　給　付　引　当　金		2,500
構　　築　　物		2,546			
車　両　運　搬　具		12,563	負　債　合　計		330,111
器　具　備　品		1,313	資　　本　　金		(10,000)
土　　　　地	⑥	34,348	利　益　剰　余　金	③	(131,869)
			利　益　準　備　金		500
無形固定資産		(235)	別　途　積　立　金		10,000
電　話　加　入　権		235	繰　越　利　益　剰　余　金		121,369
投　　資　　等		(29,665)			
投　資　有　価　証　券	⑥	28,980			
そ　の　他	⑦	685			
			純　資　産　合　計	②	141,869
資　産　合　計	①	471,980	負　債・純　資　産　合　計	①	471,980

①事業規模の把握
②自己資本比率による財政状態の把握
③過去の利益蓄積状況把握
④主な資産
⑤借入金の額
⑥時価の検討が重要な科目
⑦不良資産が含まれている可能性が少なくない科目

　これで大雑把なバランスが把握できます。

　あとは個別に重要な項目を見ます。

　⑥　土地や有価証券は簿価と時価が異なるため，まずは簿価がいくら

として計上されているかを確認しておきます。

⑦　最後に，不良資産が含まれていそうな科目をチェックしておきます。

　　仮払金や貸付金などは，一般的に注意が必要な科目といえます。

　　棚卸資産，未収入金，その他といった科目にも不良資産が含まれていないか，注意が必要です。

損益計算書については，上から見ていくのが自然でしょう。

一番上の売上高は大きく変動しませんが，下にある当期純利益は毎期変動しやすいからです。

①　まず，売上高を見ます。

　　一般的な業種では，おおむね先ほどの資産合計と一致しています。

　　ただし，小規模な会社においては，売上高は通常資産合計の数倍となります。

②　次いで，売上総利益について，売上高に対する比率（売上総利益率）を見て，商品・サービスの収益性を確認します。

　　できれば前期の売上総利益率と比較したい項目です。

③　販売費及び一般管理費については，売上総利益に対する人件費の大きさが重要です。

　　通常，人件費の負担が一番大きくなります。

　　人件費のうち，役員部分がいくらであるかも確認しましょう。

④　販売費及び一般管理費のうち，金額の大きなものは確認しておきましょう。その会社の実態を知る手がかりになります。

⑤　減価償却費が計上されているかについても確認しておきましょう。

　　減価償却費は，キャッシュフロー（支出）を伴わない費用です。

損 益 計 算 書

（単位：千円）

科　　　目		金　　額	
売　　　上　　　高		①	601,025
売　　上　　原　　価			465,700
（売 上 総 利 益）		②	135,325
販売費及び一般管理費			
役 員 報 酬	③	15,000	
その他人件費	③	68,256	
荷 造 運 送 費	④	16,500	
減 価 償 却 費	⑤	3,512	
そ の 他		21,911	125,179
（営　業　利　益）			10,146
営　業　外　収　益			
受 取 利 息 配 当 金		1,852	
雑　　収　　入	⑦	20,563	22,415
営　業　外　費　用			
支 払 利 息 割 引 料	⑥	6,891	
雑　　損　　失		1,002	7,893
（経　常　利　益）			24,668
（税引前当期純利益）			24,668
（法人税住民税及び事業税）			10,438
（当 期 純 利 益）		⑦	14,230

①事業規模の把握，資産合計との関係
②売上総利益率の把握，対前期比較
③人件費と，うち役員に対する部分の把握
④販売費及び一般管理費のうち，金額の大きなもの
⑤減価償却費の計上の有無，および計上金額の妥当性
⑥金利負担
⑦その他の気になる項目と最終利益

　　　製造業における減価償却費は，製造原価にも含まれていますので注意してください。

⑥　あとは支払利息が絶対額としていくらあるのか，また，その営業利益に占める割合はどうかといったチェックが大切です。

⑦　最後に，そのほかに大きな金額が計上されていないかについて，特別損益項目，営業外損益項目を中心に確認します。

　有価証券の売却等によって利益を計上していたり，逆に固定資産の除却等によって損失を計上していないかを確認しておきます。

　そして，以上の結果として，最終的に税引後の当期純利益がいくらになったのかを確認します。

この程度で，おおまかな経営成績は把握できます。

　一般的に行われている決算書の見方とは，このような感じだと思います。

　中小企業の場合は，社長が大株主として実権を握っている，同族経営の場合がほとんどです。

　そのような会社の社長は，会社として儲けるというより，会社を利用して経営者一族が儲けるという目的のために会社の舵取りをしがちです。

　なので，一般的な決算書の見方だけでは実態が見えてきません。

　逆に，経営者一族が会社を利用して，いかに儲けを享受しているかという視点で決算書を見ていくと，非常にわかりやすく実態が見えてきます。

　粉飾決算にだまされることも，非常に少なくなると思います。

　今から実際に，同族経営が大半を占めている中小企業の決算書を前提として，粉飾にだまされない決算書の見方を確認していきましょう。

第 1 章

中小企業における
収益力の分析方法

1. 金融機関等が行っている財務分析の問題点

　たとえば，100万円の当期純利益を計上した会社が，来期さらに200万円ほど収益力がアップするとします。

　来期の当期純利益はいくらになるでしょうか。

　既存の収益力100万円に，200万円を加えて，300万円となるのでしょうか。

　たぶん，そう思われた方が多いと思います。

　私の答えでは，「当期純利益は100万円のまま変化しない」となります。

　なぜなら，当期純利益が増えないように，役員報酬を200万円増やす等の行動を選択するからです。

　そのほうが税務戦略として得策といえるでしょう。

　ほとんどの中小企業では，収益力がアップすると役員報酬を増額します。

　つまり，収益力がアップしている会社では，当期純利益が増加していくのではなく，役員報酬が増加していくのです。

　役員報酬が増え続ける会社は，ほとんどのケースで儲かっています。決算が赤字であっても，儲かっている会社であることが大半です。

　中小企業の社長は，会社と個人双方の節税効果等を考えて，自分たちの役員報酬額や決算書の利益額を決めています。

　一方で，金融機関は決算書に計上された利益を中心に，事業の収益力を判断しています。

　このギャップを埋めないと，財務分析力のアップは期待できません。

　逆に言うと，このギャップさえなくなれば，財務分析力は格段に向上します。

　つまり，法人と個人を一体として適切な判断ができるよう，財務分析の仕組みを見直すことが大切だと思います。

２．中小企業にとって利益とは

　個人事業として年間1,000万円の利益があるならば，業績はそれなりに順調と考えてよいでしょう。

　金融機関から見ても，融資の対象先にしやすい優良先として格付けされます。

　この経営者が会計事務所を訪れると，「そろそろ個人事業から法人成りしてはいかがでしょう」と勧められます。

　なぜなら，そのほうが税の負担が軽くなるからです。

　具体的には，会社を設立して，役員報酬額を1,000万円に設定し，会社の利益はゼロに近い数字になるように指導されます。

役員報酬控除前の利益	1,000万円
役員報酬額	1,000万円
会社の当期純利益（差引）	0万円

　そうすると，法人税等はほとんどかかりませんし，所得税は

　個人の事業所得1,000万円×所得税率

であったものが

　（役員報酬額1,000万円－給与所得控除額約200万円）×所得税率

となるため，所得税額が何十万円も減少します。

　結果として，経営者は所得税が減少した分だけ得をしますし，かといって会社が損をするわけではないので，経営者は前向きにこの提案を受け入れることになります。

（社会保険料の負担等まで考慮すると，実際の損得判断はもう少し複雑になります）

　会社にとって，利益を獲得することはとても大切です。

　しかし，中小企業の場合は少し事情が違います。

　会社の利益より，経営者を儲けさせることが優先されます。

　なぜなら，ほとんどの中小企業は，経営者自身が得をするために，自ら大株主となって設立した会社だからです。

`Column`

会社を食い物にする？

　銀行の支店長から，「ここの社長は会社を食い物にしているので，困ったものです」という悩みを聞かされることがときどきあります。多額の役員報酬をとって，会社を赤字にしているのは実に許せない，ということのようです。

　こういった場合，社長の役員報酬が2千万円を超えており，それでも利益が出そうなので節税保険等に入ったりして，無理やり赤字を作っているような会社が少なくありません。

　経営者は自分自身が儲けるために，会社を設立して経営努力をします。

　儲かる分は自分が役員報酬等として会社から全部もらう，あるいは節税等のために多額の赤字すら計上するというのは，現在の会計や税法のルール上では，経済合理性にかなった行為です。

　本当に収益力（債務返済能力）の高い会社が，多額の役員報酬等によって赤字となり，その分だけ他行からの融資攻勢を受けないのであれば，メイン行としては金利もいただきやすい等，むしろ喜ばしい状況だと思うのですが。

　会社の利益を犠牲にして，というより，法人税等を回避するために，わざわざ役員報酬を増額したり，交際費をたくさん使って，利益の圧縮に努めているのです。

　中小企業の経営者にとっては，**会社の利益を必要以上に大きくしないこと**が，よい経営なのです。

3. 法人と個人を一体判断する際の問題点

　多くの金融機関は，融資の対象先である会社自体の利益を非常に重視します。

　ですから，前述のように利益が圧縮された会社は，金融機関から見ると単に収益力の低い会社と判断される傾向にあります。

「利益がほとんど出ていないので，この会社には融資が困難」と，低い評価がなされます。

　個人事業のときは優良先と判断されていたのに，法人成りをすると格付けが落ちてしまう。

　法人と個人を一体で考えたならば，課税負担が減少した分だけ返済資金力がアップしたにもかかわらず，です。

　一体何が問題なのでしょう。

　中小企業に対して，金融機関は「**法人と経営者個人を一体で査定する**」としています。

　各金融機関が自ら作成している自己査定基準においても，そのような記述があります。

　法人と経営者個人の資産と負債を合算して，実態貸借対照表を作成す

る実務も定着しています。

　会社の業績が悪化して資金繰りが苦しくなった場合には，返済方法を見直す判断材料として，経営者個人の収入が考慮されます。

　しかし，平常時の見方として，法人と個人を一体にして**収益力を判断する**という感覚に欠けているように思います。

　金融機関が融資をする対象は，事業を行っている会社ですので，返済をしなければならないのは，その融資を受けた会社自身です。

　その会社が利益を計上していない以上，返済する力に不安を感じるのは仕方ないのかもしれません。

　しかし，中小企業の場合，会社の資金繰りが厳しくなれば，経営者個人が会社に資金を注ぎ込み，返済が滞らないようにするのは当然です。その経営者の役員報酬が多額であれば，会社に代わって会社の借入金を返済することは容易です。

　会社の収益力が低くても，役員報酬が多額である会社については，融資が貸倒れるリスクがそれほど高くありません。

　それが中小企業の実態である以上，中小企業に対する銀行の融資実務も，それに合わせてリスク管理をするほうが理に適っています。

　中小企業の場合，**会社の利益と経営者一族の役員報酬を合わせた合計で収益力を検討する**という視点を，もっと重視する必要があると思います。

4．会社の収益力が落ちてきたときに現れる徴候

　中小企業においては，儲かれば役員報酬をアップすることは，すでに述べたとおりです。

　同様に，収益力が下がれば役員報酬は通常減額されます。

　これが会社の収益力が落ちてきたことを示す重要なシグナルです。

　会社が赤字の場合，法人税等の課税負担はほとんど生じません。

　仮に役員報酬を増額して会社の赤字幅を大きくしても，それ以上は課税負担の軽減が期待できないため，意味がありません。

　逆に役員報酬を減額すれば，個人としての所得税等が安くなります。ですから，会社が赤字になりそうなときには，赤字幅に合わせて役員報酬を減額し，所得税等の負担を軽減することが選択される傾向にあります。

　一般的な財務分析では，たくさん儲かると決算書上の利益が大きくなり，儲けが減ると決算書上の利益も減少すると教えられます。

　しかし，中小企業においては，この見方はあまり通用しません。

　そのかわりに，儲かれば儲かるほど役員報酬額が大きくなり，儲けが減ると役員報酬額も減少すると覚えるのがよいでしょう。

　これが中小企業における決算書に現れやすい基本的なパターンだからです。

役員報酬額が増えている会社は儲かっている会社。

役員報酬額が減りはじめたら，業績が下がりはじめた証拠。

　きわめて簡単な分析方法ですが，非常に役に立つ方法です。

５．役員報酬等の金額からわかること

　このように役員報酬額の推移には，収益力の把握にとって重要な情報が含まれています。

　しかし，現状ほとんどの金融機関では役員報酬の金額を適切に把握していません。

　仮に把握していたとしても，それは決算書に掲載されている役員報酬の総額だけではないでしょうか。

　本当に把握すべき情報は，社長がいくら，取締役営業部長がいくらといった，個人別の報酬額です。

　中小企業の財務分析において，血縁関係のない古参社員に対する役員報酬は，法的に役員報酬だとしても，財務分析上は単なる給与と同じに考えたほうがわかりやすいと思います。

　一方で，役員になっていない経営者一族の社員に対する給与は，会計処理上は給与という名前で損益計算書に計上されますが，財務分析上は役員報酬と同等に扱って分析することが望まれます。

　経営者一族のそれぞれが役員報酬をいくら取っているか，そのうえで最終的な会社の利益がいくらになったのかという視点で分析することが大切だからです。

　役員報酬を誰がいくらもらっているのかといった情報は，比較的簡単に入手することが可能です。

　役員報酬に関する個人別の内訳明細書は，税務申告上で必須の書類となっています。

　ですから，決算書とともに通常入手している内訳明細書にきちんと記載されています。

　内訳明細書を入手したら，まずは役員報酬の明細を見るようにしましょう。

　役員になっていない後継者等の給与は，通常入手にする資料からは把握できません。

　しかし，分析上は大切な情報ですので，たとえ役員ではなくても，経営者一族が会社から得ている給与はヒアリング等を利用して，すべて把握するようにしましょう。

　ちなみに役員報酬を把握すると，もうひとつ面白い情報が得られます。

　それは経営者一族に関する，数字に置き換えられない**定性情報**です。

　たとえば，社長とその夫人，長男，弟の4人が取締役を務める同族会社があったとします。

　その4人が役員報酬をもらう前段階での会社の収益力は3,000万円だとします。

　一般的には，会社の利益がゼロに近い数字になるよう，この4人で3,000万円程度の役員報酬をとることが多いのですが，その際にどのように配分されるかは，実は4人の力関係で決められるといっても過言でありません。

　実際には，社長の性格等によって次のような決められ方をします。

(1)　超ワンマン社長で，後継者の能力が低い場合

　一般社員の中で最高額の営業部長でも給与は500万円なので，弟には600万円も出せば十分だ。

　長男も，未だ30代で若いから350万円が相当だ。

　家内も貢献度が低いので，同じく350万円でいいだろう。

　そうすると自分の役員報酬は1,700万円ということになる。

　超ワンマン社長の場合には，このような順序で役員報酬が決まっていきます。

　ちなみに，このような数字を見たときに，まず間違いなく言えることは，後継者の経営能力には期待できないということです。

　後継者が優秀な場合には，

● それなりの報酬をもらって，責任ある仕事をしている

● それなりの報酬をもらって，新規の仕事に取り組んでいる

● 社長とケンカをして，すでに会社を飛び出してしまっている

　● 実力が発揮できる年齢になるまで，親の会社に入社していない

といった状況になっているケースばかりです。

　社長は高額の役員報酬を取っているにもかかわらず，30代にもなって350万円程度の給与で甘んじている後継者は，優秀な人材である可能性が皆無に近いといえるでしょう。

　同じように，社長に比べて格段に少ない一般社員並みの給与に甘んじている弟も，能力が低いと推測できます。

⑵　民主的で調和を重視する社長の場合

　自分も弟も長男も，それなりに頑張っている。

　自分ばかりが役員報酬をたくさんもらっては悪いだろう。

　自分が社長として一番重責を負っているのも事実だが，弟とは昔から二人三脚でやってきた。

　家内もよくやってくれてはいるが，経理事務中心だから，多額の報酬はおかしいだろう。

　そのあたりのバランスを取って，社長である自分が900万円，弟が800万円，長男は700万円，家内が600万円にしよう。

　こんな感じで報酬額の分配が決まります。

　このような配分になっている会社の場合，社内の雰囲気がよく，従業員の定着率も安定している場合が多いように思います。

　主要な幹部がまとまって退社し，業績が急に悪化するといったリスクは考えにくい会社だと推測できます。

　一方で，親族間の調和ばかり気にして，十分なリーダーシップを発揮できていないことも考えられます。

　プッシュ営業が重要な事業会社においては，不向きなタイプの社長かもしれません。

⑶　計数に明るくて節税意識が非常に強い社長の場合

　4人で平均的に分散させれば，累進課税による課税負担アップも回避できるだろう。

　自分は年金がもらえる年になったので，役員報酬は300万円にしよう。

　残り3人で2,700万円なので，弟は900万円くらいにしよう。

　残りは1,800万円になるが，相続対策を考慮して，長男の取り分は多めの1,000万円，家内は800万円にしよう。

　このように考える社長は，とにかく節税に対する意識が強いため，考えていることが決算に強く反映されます。

　そのため，決算書の分析は比較的簡単です。

　実際に会話をする際にも，節税の観点によるアドバイスを織りまぜると，強い関心を持ってもらえます。

　以上3つの事例のように，役員報酬を個人別に把握すると，会社の収

益力のみならず，経営者一族の力関係や，価値観，能力といった定性情報まで推測することが可能です。

とても面白い分析方法だと思いませんか。

6．役員報酬による業績判断で注意すべきポイント

役員報酬によって中小企業の業績を判断する方法は，非常に簡単かつ有効な分析方法です。

しかし，その適用には注意すべきポイントが大きく３つあります。

次の３つのうち，どれかに当てはまっている場合には，この分析方法がうまく適用できませんので，当てはまっていないか十分に検討をしてください。

１つめの留意点は，社長が計数に弱くて，節税に対する意識がきわめて低い，さらに，顧問会計事務所による指導も十分に行われていない場合です。

このような場合には，会社の収益力に合わせて役員報酬の調整がなされないため，この判断方法が適用できません。

他の方法も含めたところで，収益性の判断をする必要があります。

このようなタイプの会社は，全体の１〜２割程度あるように思います。

もっとも，収益力が変化してから役員報酬額の調整にいたるまでには，ある程度のタイムラグがあるのが普通です。

たとえば，収益が落ちた翌年から，あるいは収益が落ち込んだ状態が２年続いた翌年から，役員報酬の減額を実施するといった感じで，時間

差が生じます。

　1〜2年程度のタイムラグは常に発生するという前提で分析を行うようにするとよいでしょう。

　もっとも，タイムラグが少ない経営者ほど，計数に明るい社長といえます。

　2つめの留意点は，社長が経済合理性をあまり考えない場合です。

　このような場合には，会社の業績がどうであろうと，納税において損をしようと，たとえば「社長の役員報酬は2,000万円」と決めて，変えようとしないため，この判断方法が適用できません。

　とくに，比較的大きな金額が飛び交う不動産業，土木建築業等の業界では，ちょこちょこ見かけます。

　このパターンの場合も，他の方法を含めたところで，収益性の判断をする必要があります。

　3つめの留意点は，一定以上に業績が悪くなった場合です。
役員報酬額は，ある一定額以上まで下げると，所得税の節税効果がなくなります。

　したがって，ある程度まで役員報酬額を下げてしまっている会社の場合には，業績が悪化しても，それに合わせて役員報酬額を下げなくなります。

　収益力が減少していく過程は，役員報酬額の減少傾向を把握することで，ある程度は把握可能です。

　しかし赤字体質になった，あるいは赤字幅が拡大していくような場合には，この方法が適用できません。

　この方法に変わって，粉飾決算の項目等で説明する分析方法が，たい

へん威力を発揮します。

7. 経営者一族が受け取る地代家賃について

　今までは役員報酬の見方を中心に分析方法を説明してきましたが，地代家賃についても同様の分析が可能です。

　というか，役員報酬と合わせて分析に組み込むことが必要です。

　中小企業が儲かりだすと，経営者一族が法人税等の負担を回避するために，役員報酬を増額することはすでに説明しましたが，役員報酬でなく地代家賃を増額することによっても同様の効果が得られます。

　なぜなら，社長が会社から地代家賃を多くもらえば，個人的には得をしますし，その分だけ会社の経費が増えるため，法人税等も少なくなります。

　会社が社長の自宅の一部を使っている場合や，社長の所有する土地に会社の建物を建てた場合などは，社長個人が会社から適正額以内で地代家賃をもらうことが可能です。

　そのような場合には，社長が会社からもらう金銭等の名目は，役員報酬としても，地代家賃としても，結果はおおむね同じです。

　ですから，会社の収益力を判断する場合には，経営者一族が得ている役員報酬と地代家賃を合わせたところで検討することが必要になります。

8．経営者一族の節税等

　実際には，社長個人の所得税額の算定上で，役員報酬には給与所得控除が認められるメリットがある一方で，場合によっては年金支給額が減額される等のデメリットもありますし，地代家賃には必要経費の計上や青色申告特別控除などのメリットや会社の消費税で得をするケースもありますので，どちらの名目でもらったほうが得とは一概には言えません。

　しかし，どちらの名目でもらうかによって損得は発生しますので，それぞれについて金額をどのように決めたかを確認することは，経営者の計数に対する能力を理解すること等に役立つと思います。

　ちなみに，社長が会社に対してタダで不動産等を貸しても，税務上はとくに問題が生じません。

　（個人が会社に対してタダで不動産等を貸した場合，特別な場合を除いては，タダで借りたことで得をした分に対して特別な法人税等がかかることはありませんし，もらわなかった地代家賃に対して個人に所得税がかかるようなこともありません）

　役員報酬と地代家賃の金額は，税務的な損得だけでなく，その他の理由で左右されることもあります。

　たとえば，自分の取り分が他の役員等と比較して高額ではないとアピールしながら社内でリーダーシップを発揮したいという趣旨で，不動産の賃料を目一杯高額にして，役員報酬は低くすることもあります。

　いずれにしても，経営者一族に対する役員報酬や地代家賃の金額は，社長自身が決める問題です。

　どのように決めたかを把握することは，定量的な分析だけではなく，定性的な分析にも有用です。

9．配当金について

　経営者一族が会社から利益を得る方法としては，株式や出資に対する配当金として受け取る方法もあります。

　しかし，中小企業においては，この方法はあまり採用されていません。

　なぜなら，会社が配当を行っても，支払った配当金は法人税法上で経費にならないため，ほとんどのケースで法人税等の節税に役立たないからです。

　逆にいうと，中小企業で配当を行っている会社の多くは，以下の4つに分類されます。

① 上場を目指している，もしくは公開企業の理念を大切にしている。

② 配当をしないと文句を言う株主がいる。

③ 相続や組織再編等に絡んだ節税スキームを実行している。

④ 特別な理由もなく納税負担において損をしている。

　どの区分に分類されるかによって，会社の評価は異なると思います。

　いずれにしても，配当を行っている理由を確認することは，経営者の考え方や能力を把握するのに役立つことでしょう。

10. もう1つの簡単な収益力判定方法──交際費

　中小企業においては，会社の収益力が上がると役員報酬等を増やす，逆に収益力が落ちると役員報酬等を減らすことが一般的です。

　ですから，役員報酬が増えている会社は儲かっている，減っている会社は収益力が落ちている可能性が高いということは，すでに説明したとおりです。

　実は，交際費の増減についても，おおむね同じような見方ができます。

　儲かっているときには贅沢に交際費を使う，収益力が落ちてきたら少し謙虚に使う，苦しくなったら交際費を極力抑えるというのが，一般的な中小企業の経営者です。

　交際費の増減については，注目すべきでしょう。

　ただし，交際費の使い方には，社長個人の価値観等が強く反映されます。

　儲かっているにもかかわらず交際費を控えめにしている会社（社長）もあれば，収益力が落ちてきているにもかかわらず交際費を抑えられない会社（社長）もあります。

　そのあたりを見ると，社長としての金遣いの荒さや自分に対する厳しさ等が，ある程度までうかがい知れます。

　役員報酬額等の増減とともに，交際費の増減についても継続的に把握していくことが，中小企業の定量分析のみならず，定性分析においても役立つと思います。

社長が乗っている車についても，同様に見ておくとよいでしょう。

派手な外車に乗っているか，国産車を大切に長いこと乗っているかで，当然に社長のタイプや価値観は異なります。

後継者にどのような車を与えているかでも，同様な定性情報が得られます。

できれば**減価償却資産の明細書**によって，社長や後継者の車が，何年前にいくらで買ったどのような車かを確認しておきましょう。

交際費による分析結果を補完できると思います。

11. さらに収益力がアップすると

決算書にあらわれる数字の多くは，取引先等の相手があって，はじめて決まってくるものです。

その中にあって，経営者が自分自身で決めることができる，つまり経営者の意思や判断が反映されやすい数字には，経営者一族に対する役員報酬，地代家賃，交際費等があります。

これらの数値については，経営者が会社の収益力等をどのように見ているかが強く反映されますので，きちんと把握しておくことが大切です。

財務分析で将来の収益力等を判断することはある程度可能ですが，しょせんは過去のトレンド等から将来を予測しているだけに過ぎません。

経営にあたる当事者としての社長が，会社の将来をどのように予測しているかを確認できれば，その情報は非常に大切な情報といえるでしょう。

　とはいっても，社長から直接将来の展望を聞いたところで，業績悪化が見込まれるにもかかわらず，対外的にはバラ色の将来展望を語る社長は少なくありません。

　直接聞かなくても，社長の予測は役員報酬の設定額等にあらわれてきます。

　役員報酬は定時株主総会のとき以外のタイミングで金額の変更を行うと，通常は税務上で不利益を被るため，定時株主総会時に変更するという実務が定着しています。

　そのときに，社長が今まで以上に儲かると思っていれば，役員報酬月額を増やすでしょうし，逆に苦しくなりそうなら減額するのが一般的です。

　今後儲かりそうですかと直接聞くかわりに，あるいは補完するために，**定時株主総会において社長自身が決定した役員報酬や地代家賃等の増減額から，社長の本音を推測する**ことが重要といえます。

　ところで，適切な地代家賃を取って，役員報酬もそれなりの金額をもらって，それでも会社の収益が多額となり，法人税等の負担が大きくなりそうな場合，中小企業ではどのような対応がなされるのでしょうか。一般的には2通りの対応が行われます。

　①　役員退職金や節税保険等によって法人税等の課税回避を目指す

　②　そのまま利益を計上して，相当の法人税等を納付する

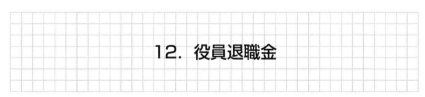

12.　役員退職金

　経営者一族が会社から役員退職金をもらう場合，金額については自由

に決めることが可能です。

　実際に金額を決める際には，退職金を会社の経費に計上することによる法人税等の節税メリットと，退職金をもらうことで個人にかかってくる所得税負担のバランスを考慮して決定されます。

場合によっては，相続税対策を考慮して決定されることもあります。

　一般的に，退職金にかかる所得税は，他の所得と比較してかなり優遇されています。

　ですから，経営者個人が会社から利益を得る場合に，退職金としてもらうという方法はできるだけ利用したい方法です。

　一方で，過大な役員退職金については，その過大部分だけ法人税法上で費用計上できないため，法人税等の節税メリットが得られません。

　したがって，**法人税法上で過大と認定されない目一杯まで役員退職金をもらう**という方法が，儲かっている会社における基本的な選択肢となります。

　法人税法上で過大と認定されない役員退職金の上限額は，一般的には最終月額報酬に勤続年数を乗じた金額の２〜３倍といわれています。

　したがって，役員退職金の計上額が

最終月額報酬×勤続年数×３倍

になっている会社は，役員退職金を目一杯まで取っているということなので，今後も収益力があると見込んでいることが推測されます。

　ところで，役員退職金は何度でももらえるわけではありません。

　法人税法上は，実態として会社の役員を退職したときにのみ，役員退職金として取り扱うことになっています。

　通常は１回しか役員退職金がもらえないということです。

　役員退職金を節税に使うチャンスは，役員1人あたり1回しかないので，その利用は慎重に行われやすいといえます。

　したがって，社長，あるいは社長夫人等をいつ退職させるかについては，財務戦略上の重要なポイントとなります。

　逆の見方をすれば，いつのタイミングで，役員退職金の金額をいくらにして退職したかを把握することによって，その会社の収益力を推測することが，ある程度は可能といえます。

13. 所得，税務上の繰越欠損金とは

　法人税等は，会社の決算書上の利益に対して，法人税率等を直接かけて算出するわけではありません。

　決算書上の利益に対して，一定のルールに従って加算する金額と，減算する金額があり，それらを差し引きした金額に法人税率をかけて算出します。

　法人税等を計算する際に，その元となる差し引きされた金額のことを，所得といいます。

　所得＝決算書上の当期純利益＋加算金額－減算金額

　所得とは，税務上の利益といってもよいでしょう。

　加算する項目には，法人税，県市民税，一定額以上の交際費，過大な役員報酬などがあります。

　減算する項目には，一定の受取配当金などがあります。

　この結果として所得がマイナスになることもあります。

　マイナスの所得のことを，税務上の欠損といいます。

　ところで，税務上の欠損は，法人税法上，10年まで将来に繰り越すことができるというルールになっています。

10年間まで節税メリットを継続させることができるのです。

　繰り越される税務上の欠損を，税務上の繰越欠損金といいます。

　（注）税制改正によって，平成30年４月１日以降に終了した事業年度から生じた欠損金については，繰越期限が10年に延長されました。それ以前に発生したものは９年となっています。

　たとえば，所得金額にして毎期1,000万円の収益力がある会社において，1.5億円の役員退職金が計上されると，その期の税務上の赤字は1.4億円となります。

　　1,000万円－15,000万円＝▲14,000万円

　その14,000万円が税務上の繰越欠損金となることで，その後の10年間は，計上される所得が累計で14,000万円を超えるまで，法人税等がほとんどかからない状態になります。

　仮に翌年も所得が1,000万円になったとすると，法人税等はほとんどかからないまま，税務上の繰越欠損金が14,000万円から1,000万円引いた13,000万円となり，その13,000万円がその後９年間繰り越されることになります。

14. 節税効果の繰り延べ

　この状態が続くと，10年後に所得が1,000万円発生した際に，法人税はほとんどかからないまま，税務上の繰越欠損金が4,000万円残った状態で，繰越ができなくなります。

　11年後には，1,000万円の所得に対して，通常通りの法人税等が課税されます。

　つまり，11年前に計上した役員退職金1.5億円のうち，4,000万円分だけ法人税等の節税効果が得られなかったということになるのです。

　であれば，11年前に役員退職金を無理せず11,000万円にとどめておいたほうが，所得税等の負担も少なくて得だったかもしれません。

　ですから，節税を意図して赤字を作る場合には，赤字の金額は，その後10年で見込まれる所得の範囲内に収まるようにするのが一般的です。

　逆読みすると，作った赤字の金額までは10年以内に確実に利益計上できると，社長が見込んでいることが推測されます。

　役員退職金の金額が，法人税法上いくらまでなら過大といわれないか。

　その金額と比較して役員退職金をいくらに決めたか。

　そのあたりを確認すると，会社の将来的な収益力について，参考になる情報が得られると思います。

　ちなみに，税務上の繰越欠損金は，法人税申告書の表紙に金額が記載されています。

　法人税申告書の表紙を見ただけで簡単に把握できるのです。

（別表1の右列参照　31……前期末残高，32……今期末残高）

　法人税申告書の表紙のことを，別表1といいます。

　税務上の繰越欠損金は，別表7に詳細が記載されます。

　別表7をみれば，いつ発生した税務上の赤字が，あと何年繰り越せるかわかります（一番左列が発生事業年度，中央列3が前期末残高，一番右列が今期末残高）。

40

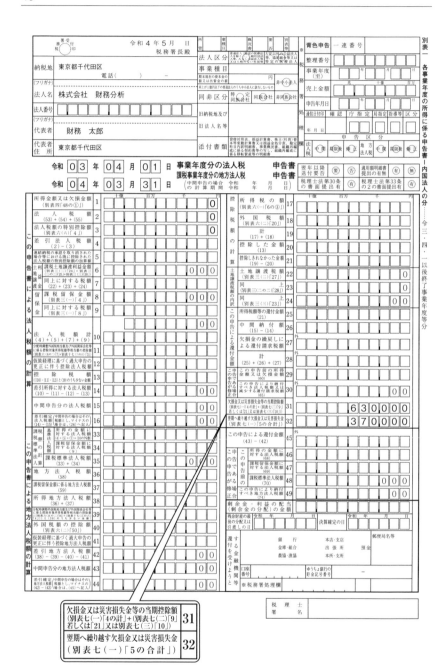

<table>
<tr><td colspan="2">署受印付税</td><td colspan="4">令和 4 年 5 月　日
税務署長殿</td><td></td><td></td><td></td><td></td><td></td><td></td><td>青色申告</td><td>一 連 番 号</td><td></td><td>別表一</td></tr>
</table>

納税地	東京都千代田区　電話(　)　―	
(フリガナ)		
法人名	株式会社 財務分析	
法人番号		
(フリガナ)		
代表者	財務 太郎	
代表者住所	東京都千代田区	

法人区分	
事業種目	
	円
同非区分	特定同族会社・同族会社・非同族会社
旧納税地及び旧法人名等	
添付書類	

整理番号
事業年度(至)
売上金額
申告年月日
通信日付印　確認　庁指定　局指定　指導等　区分
申告区分

別表一　各事業年度の所得に係る申告書―内国法人の分‥‥‥令三・四・一以後終了事業年度等分

令和 **03** 年 **04** 月 **01** 日　事業年度分の法人税　申告書
令和 **04** 年 **03** 月 **31** 日　課税事業年度分の地方法人税　申告書
(中間申告の場合　令和　年　月　日　の計算期間　令和　年　月　日)

翌年以降送付要否　(要)(否)　適用額明細書提出の有無　(有)(無)
税理士法第30条の書面提出有無　(有)(無)　税理士法第33条の2の書面提出有無　(有)(無)

		|億 百万 千 円
所得金額又は欠損金額（別表四「48の①」）	1	0
法 人 税 額（53)+(54)+(55)）	2	0
法人税額の特別控除額（別表六(六)「4」）	3	0
差 引 法 人 税 額（2)-(3)）	4	
連結納税の承認を取り消された場合等における既に控除された法人税額の特別控除額の加算額	5	
課税土地譲渡利益金額（22)+(23)+(24)）	6	0 0 0
同上に対する税額	7	
課税留保金額（別表三(一)「4」）	8	0 0 0
同上に対する税額（別表三(一)「8」）	9	
法 人 税 額 計（4)+(5)+(7)+(9)）	10	0 0
分配時調整外国税相当額及び外国関係会社等に係る控除対象所得税額等相当額の控除額（別表六(五の二)「7」+別表十七(三の六)「3」）	11	
仮装経理に基づく過大申告の更正に伴う控除法人税額	12	
控 除 税 額（((10)-(11)-(12)と(19)のうち少ない金額)	13	
差引所得に対する法人税額（10)-(11)-(12)-(13)）	14	0 0
中間申告分の法人税額	15	0 0
差引確定/中間申告の場合はその法人税額/税額とし、マイナスの（14)-(15)/場合は、(45)へ記入）	16	0 0

所 得 税 の 額（別表六(一)「6の③」）	17	
外 国 税 額（別表六(二)「20」）	18	
計（17)+(18)）	19	
控 除 し た 金 額（13)）	20	
控除しきれなかった金額（19)-(20)）	21	
土地譲渡税額（別表三(二)「27」）	22	0
同（別表三(二の二)「28」）	23	0
同（別表三(三)「23」）	24	0 0
所得税額等の還付金額（25)）	25	
中間納付額（15)-(14)）	26	
欠損金の繰戻しによる還付請求税額	27	
計（25)+(26)+(27)）	28	
この申告が修正申告である場合のこの申告により納付すべき法人税額又は減少する還付請求税額（60)）	29	
同上の中間申告分の納付すべき法人税額（65)）	30	0 0
欠損金又は災害損失金等の当期控除額（別表七(一)「4の計」+(別表七(二)「9」若しくは「21」又は別表七(三)「10」）	31	**6 3 0 0 0 0**
翌期へ繰り越す欠損金又は災害損失金（別表七(一)「5の合計」）	32	**3 7 0 0 0 0**

この申告による所得の金額に対する法人税額（4)-(5)+(9)+(10)/100の場合）	33	
課税標準法人税額（33)+(34)）	34	
課税留保金額に係る課税標準法人税額	35	0 0 0
地 方 法 人 税 額（58)）	36	
課税留保金額に係る地方法人税額（59)）	37	
所 得 地 方 法 人 税 額（36)+(37)）	38	
分配時調整外国税相当額及び外国関係会社等に係る控除対象所得税額等相当額の控除額（別表六(五の二)「8」+別表十七(三の六)「4」）	39	
外 国 税 額 の 控 除 額（別表六(二)「50」）	40	
仮装経理に基づく過大申告の更正に伴う控除地方法人税額	41	
差 引 地 方 法 人 税 額（38)-(39)-(40)-(41)）	42	0 0
中間申告分の地方法人税額	43	0 0
差引確定/中間申告の場合はその地方法人税額/税額とし、マイナスの（42)-(43)/場合は、(45)へ記入）	44	0 0

この申告による還付金額（43)-(42)）	45	
所得の金額に対する法人税額（69)）	46	
課税留保金額に対する法人税額（70)）	47	
課税標準法人税額（71)）	48	0 0 0
この申告により納付すべき地方法人税額（74)）	49	

剰余金・利益の配当（剰余金の分配）の金額
決算確定の日　令和　年　月　日

還付を受けようとする金融機関等
銀行　本店・支店　郵便局名等
金庫・組合　出張所　預金
農協・漁協　本所・支所
口座番号
ゆうちょ銀行の貯金記号番号
※税務署処理欄

税理士署名

欠損金又は災害損失金等の当期控除額（別表七(一)「4の計」+（別表七(二)「9」若しくは「21」又は別表七(三)「10」） **31**
翌期へ繰り越す欠損金又は災害損失金（別表七(一)「5の合計」） **32**

欠損金又は災害損失金の損金算入等に関する明細書

事業年度	3・4・1 4・3・31	法人名	株式会社　財務分析

控 除 前 所 得 金 額 （別表四「39の①」）−（別表七（二）「9」又は「21」）	1	630,000 円	所 得 金 額 控 除 限 度 額 (1) × 50又は100/100	2	630,000 円

事業年度	区　　分	控 除 未 済 欠 損 金 額 3	当 期 控 除 額 （当該事業年度の(3)と((2)−当該事業年度前の(4)の合計額）のうち少ない金額） 4	翌 期 繰 越 額 ((3)−(4)) 又は（別表七（三）「15」） 5
・ ・ ・ ・	青色欠損・連結みなし欠損・災害損失	円	円	
・ ・ ・ ・	青色欠損・連結みなし欠損・災害損失			円
・ ・ ・ ・	青色欠損・連結みなし欠損・災害損失			
26・4・1 27・3・31	青色欠損・連結みなし欠損・災害損失	200,000	200,000	0
・ ・ ・ ・	青色欠損・連結みなし欠損・災害損失			
・ ・ ・ ・	青色欠損・連結みなし欠損・災害損失			
・ ・ ・ ・	青色欠損・連結みなし欠損・災害損失			
30・4・1 31・3・31	青色欠損・連結みなし欠損・災害損失	500,000	430,000	70,000
・ ・ ・ ・	青色欠損・連結みなし欠損・災害損失			
2・4・1 3・3・31	青色欠損・連結みなし欠損・災害損失	300,000		300,000
	計	1,000,000	630,000	370,000

当期分	欠 損 金 額 （別表四「48の①」）		欠 損 金 の 繰 戻 し 額	
	同上のうち	災 害 損 失 金		
		青 色 欠 損 金		
	合　　計			370,000

災 害 に よ り 生 じ た 損 失 の 額 の 計 算

災 害 の 種 類		災害のやんだ日又はやむを得ない事情のやんだ日	・　　・	
災 害 を 受 け た 資 産 の 別	棚 卸 資 産 ①	固 定 資 産 （固定資産に準ずる繰延資産を含む。） ②	計 ①+② ③	

		①	②	③
当 期 の 欠 損 金 額 （別表四「48の①」）	6			円
資産の滅失等により生じた損失の額	7	円	円	
被害資産の原状回復のための費用等に係る損失の額	8			
被害の拡大又は発生の防止のための費用に係る損失の額	9			
計 (7)+(8)+(9)	10			
保 険 金 又 は 損 害 賠 償 金 等 の 額	11			
差引災害により生じた損失の額 (10)−(11)	12			
同上のうち所得税額の還付又は欠損金の繰戻しの対象となる災害損失金額	13			
中間申告における災害損失欠損金の繰戻し額	14			
繰戻しの対象となる災害損失欠損金額 ((6の③)と((13の③)−(14の③))のうち少ない金額)	15			
繰越控除の対象となる損失の額 ((6の③)と((12の③)−(14の③))のうち少ない金額)	16			

15. 節税保険等の活用

　会社の収益力が上がり，法人税等の負担が大きくなりそうな場合に，結果として法人税等の負担を先送りできる効果を期待して，そのような効果が得られる生命保険等に加入する会社は少なくありません。

　単純な仕組みとしては，払った金額の多くが何年か後に解約返戻金として戻ってくる。

　しかも，解約するまでは支払った金額の全額，もしくは半額等が費用計上できるという保険に加入するのです。

　そうすると，保険契約を解約するまでは，その費用計上できる分だけ利益が圧縮できるため，それに見合った法人税等の負担が回避できることになります。

　もっとも，保険を解約する際には多額の保険解約益が計上されるため，そのタイミングで役員退職金をもらうとか，工場の移転等による相当額の損失が発生しないと，保険解約益に対する法人税等が一気にかかってくることになります。

　保険の解約時に法人税等がかかり，単に法人税等の支払う時期が繰り延べられたというだけであれば，節税効果としては価値が低いのですが，多くの会社は目先の法人税等を回避するために，保険契約をしている状況が見受けられます。

　節税効果としての価値判断はともかくとして，年間保険料をいくらにして節税を意図したのかは，把握しておくとよいでしょう。

　その分に相当する金額以上は，この先数年間にわたって毎期収益を計

上できると社長が考えている可能性が高いからです。

　ただし，節税効果の高い既存の生命保険商品は，令和3年までの税制改正によって大きく制限がかけられたので，これからはほとんど利用されなくなると思われます。

　一方で，投資組合契約などを利用した節税商品は今でも利用されていますし，今後も新しい節税商品が出てくるかもしれません。

　決算書を分析するにあたって，節税商品の動向については目が離せないところです。

16.　多額の法人税等を支払っていることに対する評価

　役員報酬を1,000万円以上にどんどん増やしていって，それでも多額の利益が見込まれるような会社が，役員退職金をとるような時期になく，節税を意図した保険等も利用しない場合には，相当額の法人税等が課税されることになります。

　収益力が非常に高い優良企業といえます。

　この収益力をアピールしながら，取引関係を広げたり有利に進めたりするのが，企業経営にとって理想的な姿だと思います。

　たとえば，収益力が高いので魅力のある会社に違いないと思わせることで，いい出店場所を有利な条件で確保したり，他の優良企業と有利な条件で提携したりすることが目指せるからです。

　ただし，法人税等を払いたくないと思いながらも，前向きな経営戦略があるわけでもなく，結果として法人税等を相当額支払っている会社の場合には，節税対策が十分に検討されていないケースが散見されます。

　そのような会社の社長は，儲けることは得意だけれど，計数は得意ではないという場合が多いように思われます。

　先代から儲かる事業を引き継いだだけで，実は将来が危惧されるような能力不足の後継者が社長になっている場合もあります。

　評価としては若干マイナスしておく必要があるように思います。

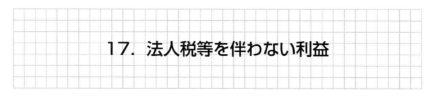

17. 法人税等を伴わない利益

　税務上の繰越欠損金が多額に繰り越されている場合には，その範囲内で計上される利益については法人税等がほとんど課税されません。

　したがって，税務上の繰越欠損金が多額である会社の場合は，対外的によく見せるために，粉飾決算によって多額の利益計上を行っている可能性があります。

　決算書上の利益は多額であるにもかかわらず，法人税等がほとんど計上されていない場合には，とくに注意が必要です。

　本当に業績のよい会社から，かなり業績が悪い会社まで混在しているため，見方を間違えると大きな判断ミスが生じてしまうからです。

　この10年以内に大赤字を計上したものの現状では本当に多額の利益計上ができるほど儲かっている会社か，もしくは粉飾決算によって業績をよく見せている会社かを，十分に検討する必要があります。

　今までは儲かっている会社を中心に，中小企業の財務分析方法を説明してきました。

　次章では，収益力が落ちつつある会社や，赤字体質となってしまっている会社の財務分析方法を説明します。

第 2 章

中小企業における
粉飾決算書の分析方法

1. 業績悪化徴候の把握

　財務分析上の一般論として，売上高が減収傾向になれば，業績にかげりが見られるのではと考えられます。

　この見方は中小企業においても当てはまります。

　中小企業の財務分析においても，売上高の推移は一番注目すべきチェックポイントのひとつだといえます。

　同様に，利益が減少すると業績が悪化しているという判断も，財務分析の世界では一般的な判断です。

　しかし，こちらの見方は，中小企業の場合には基本的に当てはまりません。

　中小企業の決算書における利益は，法人税等の節税目的で，役員報酬等によってコントロールされているからです。

　したがって，業績悪化の徴候を把握するためには，まず**売上高の減少傾向に目をつけるところから始める**のがよいと思います。

2. 決算書が作成される過程

　次にチェックすべきポイントを説明する前に，まずは決算書が作成される過程を理解する必要があります。

　収益力が落ちてきたならば，社長自身はその状況を肌感覚で感じ取っているはずですし，決算時には金額として集計されるので，その段階でよりリアルに把握できます。

　その何も手を加えられていない集計されたままの生データを確認した
うえで，多くの社長は利益調整の方法等を検討し，決算書を確定させま
す。

　実務的には，顧問会計事務所が決算書を作成することが多いでしょ
う。

　ただし数字，とくに最終の当期純利益については，利益調整の方法と
合わせて社長自身が決定するケースも多いと思います。

　そして，こんな内容にしたいと社長が考えた決算書が，最終的な会社
の決算書として確定します。

　時に多額の利益調整や粉飾処理が行われた決算書ができ上がります。

　このようにして作成される中小企業の決算書に対しては，一般的な財
務分析手法の適用は困難です。

３．利益調整と粉飾決算

　決算書の粉飾は会社法違反であり，許される行為ではありません。

　上場企業の場合は，仮に粉飾をしようと思っても，公認会計士や監査
法人の監査チェックによって事前に阻止されますし，阻止されなかった
としても最終的に粉飾決算が明らかになれば社会問題化して，粉飾決算
に加担した担当者等は処罰を受けることになります。

　会社の存続すら危ぶまれることがあります。

　しかし，中小企業の場合は少し事情が異なります。

　中小企業の場合は，仮に粉飾決算を行っても，実務上でペナルティを
受けることが現状ほとんどありません。

　また，悪い内容の決算を行うと，金融機関に警戒されて資金繰りに支

障をきたす等，粉飾しないことが，かえって会社存続の危機に直結してしまう面があるのです。

　どこまでが会計ルール上で認められる利益調整で，どこからが違法性のある粉飾処理になるのか，その判断が困難といった問題もあります。

　そのようなことから，何とか黒字の決算を行おうと考えているうちに，気がついたら粉飾をしてしまっている会社が多いのだと思います。

　いずれにしても，本書では粉飾の悪質性をとがめることが目的ではありません。

　仮に粉飾処理が行われていたとしても，それを浮き彫りにして適正な財務分析を行うことができれば，それで目的は達成できます。

　ですから本書では，適法な利益調整と，違法な粉飾処理とを明確に区別することなく，軽度の調整を利益調整，多額の調整を粉飾として，説明していきます。

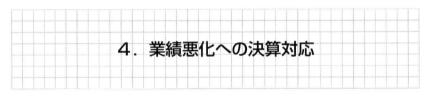

４．業績悪化への決算対応

　収益力判断に有用な，利益調整等を行う前の会計データは，部外者には入手困難です。

　ですから，利益調整や粉飾等が行われた後の決算書から，実際の収益力等を判断するしかありません。

　その際に一番役に立つのが，決算時における社長の対応です。

　中小企業では，法人税等の負担を回避するために，もともと利益があまり出ないように役員報酬額等を設定しています。

　ですから，業績が悪化してくると，すぐ赤字になります。

　つまり，利益調整等を行う前の生データでは，赤字決算となっています。

　多くの社長は，その結果を踏まえて，軽い利益調整によって黒字決算にするとともに，次年度は赤字決算にならないように自分の役員報酬額を減らす等の対応をします。

　それとともに，状況によっては交際費等の支出を抑えはじめます。ですから，業績悪化は利益の減少として表われるのではなく，役員報酬額等の減額となって表われます。

　（ここでいう「等」とは，主として経営者一族に対する地代家賃や交際費をさしています）

　ちなみに役員報酬額は，決算日後3カ月以内に行われる定時株主総会の開催時以外のタイミングで変更すると，一般的には法人税法上で不利な取扱いを受けることになります。

　したがって，社長は決算の数字を確定させながら，同じ時期に翌期の収益力を予測して，役員報酬額の見直しを行うのが一般的です。

　ですから，決算書を入手したら，同時にその後に役員報酬額を変更する予定があるかどうかもヒアリングすると，収益力の判断に役立つ情報が得られます。

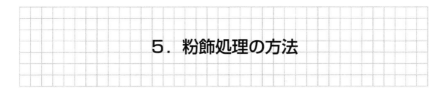

5．粉飾処理の方法

　役員報酬額等を減額し，ある程度の利益調整を行っても黒字決算にならないくらい業績が悪化したり，あるいは業績の悪い状態が継続すると，あとは粉飾処理をするしか黒字決算を作成する方法がなくなります。

　その場合には，粉飾処理を行っている会社が少なくないように思われ
ますが，その方法はいたって簡単です。

　ほとんどの会社（もしくは会計事務所）は，会計ソフトで決算を行っ
ていますが，その会計ソフトに粉飾となる仕訳を一行入力するだけで，
簡単に粉飾決算書ができ上がります。

　たとえば500万円の赤字である会社が，10万円の黒字決算にしたい場
合，510万円だけ利益を増やす必要があります。

　その場合，架空売上を510万円分だけ入力すると，簡単に利益10万円
の粉飾決算書が完成します。

　（借）売 掛 金　　510万円　／　（貸）売 上 高　　510万円
という仕訳を一行入力するだけでできるのです。

　在庫を510万円だけ水増ししても，同様に利益10万円の粉飾決算書と
なります。

　その場合の仕訳は次のとおりです。

　（借）在　　庫　　510万円　／　（貸）期末棚卸高　　510万円
　別に仕訳を理解する必要はありません。

　簡単にできるということだけ，まずは理解してください。

６．見落としてはいけない粉飾とは

　粉飾処理をその都度，把握することは非常に困難です。

　ただし，会社の業績を把握するのに，その都度の粉飾額を特定するこ
とは，必ずしも必要ありません。

　なぜなら，中小企業の場合，多少の粉飾を続けた程度では倒産するよ
うな状況にならないからです。

　売上高3,000億円の大企業が，1,000億円の債務超過になったら，その会社は倒産する可能性がきわめて高いと思われます。

　しかし，売上高3,000万円の中小企業が，1,000万円の債務超過になったとしても，簡単には倒産しないでしょう。

　頑張って経営を継続し，債務超過の解消を目指すと思います。

　融資をしている金融機関も，返済猶予等を含め，経営継続のための資金的な応援をしてくれると思います。

　中小企業の場合で気をつけないといけないのは，長期にわたって粉飾を続けていて，かなり厳しい状況になっているのに，それに気がつかないで融資取引等を継続してしまうリスクです。

　ですから，財務分析においても，小さな金額にはある程度目をつむるとして，大きな粉飾に対して確実に，しかもできるだけ早期に把握できるようにすることが大切だと思います。

7．粉飾決算を見抜くポイント

　粉飾の処理は，きわめて簡単です。

　前述したように，粉飾仕訳を一行入力するだけで実行できます。

　その仕訳の金額を変えれば，どれだけの金額でも粉飾可能です。

　しかし，粉飾を行う社長の立場で考えれば，簡単に見つかるような粉飾では意味がありません。

　できるだけ巧妙に粉飾を仕込んできます。

　複数の仕訳に分割して，粉飾処理を行うことのほうが多いと思われます。

　そのため，一つひとつの粉飾処理を見つけ出すことは，きわめて困難
です。

　ここで粉飾決算を見抜くための，とっておきのノウハウを提供してお
きましょう。

　粉飾を行うと，利益が水増しされるだけではなく，利益を水増しした
金額と同じだけ貸借対照表に不良資産が計上されます。

　さらに翌期も利益を水増しすると，その年度分の水増し額が，前期分
の水増し額にオンされる形で，貸借対照表に不良資産が蓄積されます。

Column

財務分析の結果と融資判断

　銀行の融資担当者から，「この融資先には多額の不良資産があるので，当行
はメイン行ではあるものの融資の継続が難しい」という話はよく耳にします。

　ところが「他行さんは不良資産に気がついておらず，この会社に融資攻勢を
かけてくるので困っています」という話をあわせて聞くことも珍しくありませ
ん。

　何のための財務分析であり，何のための自己査定なのか，不思議に思ってし
まいます。

　不良資産を考慮したうえで融資不適格と判断するのであれば，他行の攻勢は
むしろ肩代わりによって当行の融資回収をはかるチャンスです。

　不良資産の存在を承知のうえで，メイン行として支援していく価値があると
判断すれば，他行に負けないような条件で融資を継続すべきです。

　融資判断のために行っている財務分析が，融資判断に活かせていないという
か，むしろ融資判断の邪魔をしているといった状況です。

「不良資産を見つけてしまったから融資できなくなった」という表現もどうか
と思いますが，「他行さんは不良資産に気がついていないから融資ができてい
いよね」とまで言われると，"財務分析って何のため"と思ってしまいます。

　毎期1,000万円の粉飾を続けると，5年後には貸借対照表に5,000万円の不良資産が計上されることになります。

　つまり，**粉飾を繰り返さなければならないような赤字体質の会社は，貸借対照表上に不良資産がどんどん貯まっていくことになります。**

　ですから粉飾を見抜くためには，損益計算書ではなく，貸借対照表上の不良資産が膨らんでいく状況で判断するとよいのです。

8．貸借対照表と損益計算書の関係

　さて，実際に貸借対照表に不良資産が膨らんでいく傾向は，どのように把握すればよいのでしょうか。

　損益計算書と貸借対照表の関係から考えてみましょう。

　たとえば売上高が1億円（100百万円）の会社があったとしましょう。月商はおおむね8百万円です。

　このような会社の貸借対照表（資産の部）は，一般的には次のようになっています。

現 金 預 金	10百万円
売 上 債 権	32　〃
棚 卸 資 産	19　〃
有形固定資産	15　〃
そ の 他 資 産	4　〃
（資 産 合 計	80百万円）

　現金預金は，月商の8百万円以上は確保したいため，とりあえず10百万円。

　売上債権は，回収までの月数が４カ月として32百万円。

　棚卸資産は，在庫回転月数は３カ月として，それに原価率を乗じて19百万円。（この事例では仮に80％程度にしました）

　有形固定資産は従業員10名程度に必要と思われる分として15百万円。

　その他資産はもともと多額ではないことが多いため，とりあえず４百万円。

　資産合計は結果として売上高と比較的近い数字の80百万円。

　これで一般的によく見かける，かなりリアルな貸借対照表になったと思います。

　ちなみに上場企業においては，かなりの業種で売上高に対する資産合計額の比率が0.8 ～ 1.2倍となっています。

　中小企業の場合には，少ない投下資本で売上を作ることが多いため，上場企業と比較すると，売上高に対する資産合計の比率が少なめになります。

9．不良資産の増加傾向を見抜く

　さて，ここで貸借対照表に不良資産が膨らんでいく状況について，改めて考えたいと思います。

（パターン１：粉飾額が少ない場合）

　たとえば，この会社が毎期１百万円の赤字を５年間隠し続けて，逆に毎期わずかの利益を計上する黒字決算を行ったとします。

　そのためには毎期１百万円強の粉飾が必要なため，結果として５年間

で5百万円くらいの不良資産を貸借対照表に計上する必要があります。

　この場合に，たとえば毎期1百万円強の仮払金を過大に計上し続けた
としましょう。

　結果として5年後の貸借対照表は，資産の内容が変わっていないので
あれば，粉飾後で次のようになっているはずです。

現　金　預　金	10百万円	
売　上　債　権	32	〃
棚　卸　資　産	19	〃
有形固定資産	15	〃
そ の 他 資 産	9	〃　（5百万円くらいの過大な仮払金を含む）
（資　産　合　計	85百万円）	

　このような状況で，仮に5百万円くらい過大となっている仮払金の存
在に気がつかなかったとしましょう。

　それでも大きな問題にはならないと思われます。

　なぜなら，売上高1億円規模の会社が5年間で5百万円程度赤字を出
したからといって，まだまだ倒産するような事態にはほど遠いと考えら
れるからです。

（パターン2：相当額の粉飾を仮払金で行う場合）

　では，中小企業にとってもピンチといえる相当額の赤字が継続してし
まった状況を考えてみましょう。

　たとえば，この会社が毎期3百万円の赤字が継続し，それに対して毎
期3百万円くらいの仮払金を5年間過大に計上して粉飾を行ってきたら
どうなるでしょう。

　5年間で仮払金は15百万円くらい過大計上されます。

粉飾された貸借対照表は次のようになります。

現 金 預 金　　10百万円

売 上 債 権　　32　〃

棚 卸 資 産　　19　〃

有形固定資産　　15　〃

そ の 他 資 産　　19　〃　（15百万円くらいの過大な仮払金を含む）

（資 産 合 計　　95百万円）

　この場合には，赤字の期間も金額も比較的大きいだけに，中小企業といえども大きなピンチといえます。

　しかし，この規模の会社で仮払金が15百万円くらい過大計上されていれば，貸借対照表上で非常に目立ってしまうため，とくに注意深く財務分析をしなくても，ほとんどの人が過大な仮払金の存在に気がつくと思われます。

　そして粉飾の事実を簡単に把握できると思います。

（パターン３：相当額の粉飾を在庫の水増しで行う場合）

　ではパターン２と同じ状況に対して，在庫の水増しを使って粉飾をしていたとします。

　その場合はどうでしょう。

　貸借対照表は次のようになります。

現 金 預 金　　10百万円

売 上 債 権　　32　〃

棚 卸 資 産　　34　〃　（15百万円くらいの過大な仮払金を含む）

有形固定資産　　15　〃

　その他資産　　　4百万円
───────────────────
（資産合計　　　95百万円）

　このような説明の途中で，この貸借対照表をみた場合には，棚卸資産が過大であるように感じるかもしれません。

　でも，粉飾の説明などの前置きもなく，この貸借対照表をいきなり見た場合には，とくに違和感のない貸借対照表に感じられるのではないでしょうか。

　気づかれないように粉飾を行おうとする側から考えると，これこそが大事なポイントなのです。

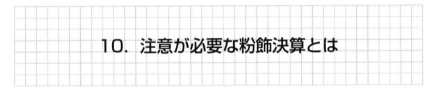

10. 注意が必要な粉飾決算とは

　小さな粉飾に対しては，気がつかなくてもとくに大きな問題は発生しません。

　大きな粉飾に対しては気がつかないとまずいのですが，その場合であっても，仮払金等の過大計上によって粉飾が行われるようであれば，粉飾に気づくことは簡単だと思います。

　先ほど作った貸借対照表を見ながら考えていただくとよく理解できると思いますが，大きな粉飾処理を，簡単に気づかれないように行うためには，実は次の２つくらいしか方法がありません。

　①　棚卸資産を用いた在庫の水増し

　②　売上債権を用いた架空売上の計上

　これ以外の方法で大きな粉飾を行った場合には，貸借対照表上で不良

資産が目立ってしまうため，比較的簡単に粉飾の事実がばれてしまいます。

　ですから，この２つの方法が非常によく使われる粉飾方法になっているのです。

　この２つの場合には，注意深くチェックを行わないと，多額の粉飾であるにもかかわらず，長期にわたって気づかないまま見過ごしてしまう可能性が高いといえます。

　逆に言えば，中小企業の財務分析において，注意を要する主な粉飾決算は，「**在庫の水増しによる棚卸資産の過大計上**」と，「**架空売上による売上債権の過大計上**」だけだといっても過言ではありません。

　それ以外の項目に不良資産を紛れ込ませようとしても，もともと金額が少ないため，比較的簡単に粉飾処理が把握できます。

　大変注意を要する，かつ多用される粉飾方法は，この２つです。

　まずは，この２つについて徹底的に理解してください。

　ちなみに，架空売上よりも在庫水増しのほうが，より多く使われていると思われます。

　その理由は納税負担の違いにあります。

　詳しい説明は省略しますが，一般的には架空売上を計上すると消費税額が増加してしまいます。

　しかし，在庫を水増ししても消費税額は変わりません。

　ですから，多額の粉飾を行う場合，まずは在庫の水増しが検討され，ついで架空売上が検討されることが多いと思います。

11. 減価償却費の未計上，その他の粉飾方法

　有形固定資産が過大である場合についても，貸借対照表上では比較的目立たない場合が多いのですが，その場合は減価償却費の計上不足によって過大計上となっている場合がほとんどです。

　このような場合のチェック方法としては，毎期の損益計算書において減価償却額がどの程度計上されているかを確認するという方法が有力です。

　所有している有形固定資産に対して，減価償却費が損益計算書に毎期いくらくらい計上されているかをみれば，比較的簡単におおよその減価償却不足額を把握することができます。

　しかし，減価償却不足はたしかに粉飾決算のひとつといえるでしょうが，減価償却費はもともと支出を伴う費用ではありません。

　ですから，たとえ減価償却費が計上されておらず，その計上不足を考慮した場合には赤字体質になるような状況であったとしても，中小企業を倒産に追い込むほどの危険性は少ないはずです。

　ですから，減価償却不足に対しては，それほど神経をとがらせる必要はないと思います。

　粉飾処理には，そのほかにもいくつかの方法があります。

　しかし重要なのは，先ほど説明した２つです。

　他で比較的重要なものとしては，

　①　債務の未計上

　②　関連会社を利用した粉飾

などがあります。

　①の方法については，第6章のケース3で少しだけ解説します。

　②の方法については，第3章の11，12で解説します。

12. 損をしたり儲かったりする会社の決算

　粉飾をすると不良資産が増えます。

　ところが粉飾をした翌年度に，役員報酬の減額や実際の業績回復等によって，相当額の利益を計上できる状況になると，今度は不良資産を費用化して，利益を圧縮することになります。

　不良資産を温存したまま，わざわざ相当額の利益を計上しても，法人税等の負担が大きくなるだけでもったいないと，多くの社長は考えるからです。

　ですから，儲かったり損をしたりが繰り返される会社の場合には，損をした際に粉飾をして，儲かったときに粉飾を取り崩して，結果として毎期少額の利益を計上するケースが非常に目立ちます。

　粉飾の結果として発生する不良資産は，増えたり減ったりします。

　（税法上は，粉飾により発生した不良資産を取り崩しても，その分は原則として取り崩した期の損金にはできないのですが，実務的には損金扱いしている事例をよく見かけます）

　たとえば，500万円の損をした年度には500万円程度の粉飾をしてわずかな黒字決算を組み，翌年に500万円だけ利益が出ると，今度は前年度に粉飾した500万円を取り崩して費用化し，わずかの黒字決算を組む。

　結果として，粉飾で発生した不良資産は，500万円からゼロに戻ります。

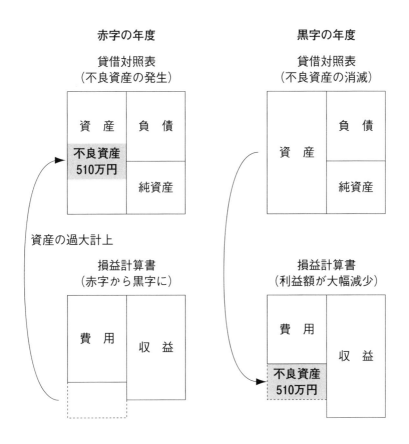

　さらに翌年度500万円の損をすると，再度500万円程度の粉飾をしてわ
ずかな黒字決算を組み，その翌年度に500万円の利益が出ると，再度粉
飾を全額取り崩して，同じくわずかな黒字決算を組む。
　結果として，粉飾によって発生する不良資産は，500万円に膨らんだ
後にゼロに戻っています。

　会社の本来の業績としては，赤字500万円と黒字500万円が交互に訪れ
たとしても，毎期の決算書は常にわずかの黒字決算を作成する。

その裏で不良資産を増やしたり減らしたりしている。

これが，儲かったり損をしたりしている中小企業で，よく見られる決算書のパターンです。

このような粉飾決算は，見つけることが非常に困難です。

しかし，見つけることができなくても，大きな問題ではありません。

なぜなら不良資産が大きく増えていかないということは，赤字のときがあったとしても，その赤字に相当する黒字を計上した決算期もあるという証拠ですので，結局チャラになるからです。

赤字500万円→黒字500万円→赤字500万円→黒字500万円

という業績を

若干の黒字→若干の黒字→若干の黒字→若干の黒字

と勘違いしても，利益の平均値で見れば同じことです。

この程度の勘違いでは，財務分析の結果を大きく間違えるようなことにはなりません。

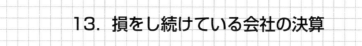

13. 損をし続けている会社の決算

損をし続けている会社には注意が必要です。

粉飾にだまされて，このような状況に気がつかないようなことがあってはなりません。

このような場合に，だまされないようにする簡単な方法があります。

長期間のデータを並べて考える。

大切なポイントは，たったこれだけです。

　損をし続けて，その損を粉飾によって隠し続けると，不良資産が貸借対照表にどんどん貯まっていきます。

　儲かったり損をしたりが繰り返されている間は，不良資産は増えていきません。

　赤字体質が確立してしまってからは，不良資産は継続的に増加傾向を示します。

　データを長期間並べてみれば，そのようなトレンドを把握することは簡単です。

　とくに大きな赤字を大きな粉飾で継続的に隠しているような場合には，本当に簡単に見つけることができます。

　たとえば，売上が100百万円で，在庫が19百万円の会社があったとしましょう。

　売上高が大きく変動しないのであれば，在庫も毎期19百万円程度で推移するのが一般的です。

　19→22→18→21→20→19

　こんな感じです。

　これが継続的に赤字体質の会社で，その事実を在庫の水増しで粉飾しているような場合には，次のような推移を示します。

　毎期3百万円だけ過大計上を繰り返しました。

　19→25→24→30→32→34

　明らかに怪しい感じになります。

　5年間で15百万円も増えていますから，目立ってしまいます。
だから簡単に把握できるのです。

14. 長期間のデータで検討する

　大切なポイントは，できるだけ**長期間のデータを並べて考える**ことです。

　先ほどの事例でも，売上が変わっていないのに在庫は

　　19→25→24→30→32→34

となっているから，明らかに怪しい感じになるのですが，最近3年分だけの数値で判断しようとすると

　　30→32→34

となり，怪しいのかどうか，非常にわかりにくくなります。

　長期間のデータを並べればきわめて簡単に把握できることが，3年分のデータに限定してしまうと，本当に把握が困難になってしまうのです。

　ですから，できるだけ長期間のデータを利用して分析するようにしてください。

15. 在庫と売上債権の回転日数

　長期間のデータを利用するというポイントは説明しました。

　もうひとつ大切なポイントがあります。

　それは，**金額ではなく比率を利用して分析する**ということです。

　たとえば，毎期売上高100百万円前後で推移している会社の在庫が

　　19→25→24→30→32→34

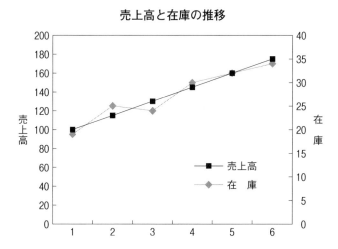

となっていれば，明らかに怪しい感じがします。

　しかし，売上高が

　100→115→130→145→160→175

となっている会社の在庫が

　19→25→24→30→32→34

といった具合に推移していたらどうでしょう。

　粉飾の可能性は低いように思われます。

　なぜなら売上高が増えれば，通常なら在庫も増えるからです。

　長期間のデータを並べて分析する際には，売上高の推移と合わせて考えることが大切です。

　それを簡単にするために，回転日数を用いると便利です。

　回転日数は，最初から売上高との比率を加味した数値だからです。

　在庫の回転日数は，何日分の在庫があるかを示す数値で具体的な算式は

$$在庫の回転日数＝\frac{在庫の金額}{売上高÷365日}$$

となります。(売上高の代わりに売上原価を用いることもあります)

　売上債権の回転日数は，何日分の売上債権があるかを示す数値で具体的な算式は

$$売上債権の回転日数＝\frac{売上債権の金額}{売上高÷365日}$$

となります。

16. 回転日数で検討する

　売上高の推移が

　100→100→100→100→100→100

という会社の在庫の推移が

　19→25→24→30→32→34

であるとします。

　在庫の回転日数について，長期の推移をみると

　69日→91日→87日→109日→116日→124日

となります。

　怪しげな増加傾向が簡単にわかります。

　一方で売上高が

　100→115→130→145→160→175

と増加傾向を示している会社の在庫の推移が

　　19→25→24→30→32→34

であるとします。

　在庫の回転日数について，長期の推移をみると

　　69日→79日→67日→75日→73日→70日

となります。

　とくに怪しげな感じはなくなります。

　実際にも粉飾の可能性は少ないと思われます。

　このように回転日数で長期の推移を見ていくと，在庫や売上債権による粉飾を見つけることが，たいへん楽になります。

　ちなみに，赤字と黒字が交互に発生している会社が，在庫の水増しし，粉飾の取崩しを繰り返して，少額の利益となる黒字決算を組み続けると，回転日数も増減を繰り返すことになります。

　赤字のときに回転日数が大きくなり，黒字のときには逆に小さくなります。

17. 在庫の水増しによる粉飾決算

　在庫を水増しするとは，貸借対照表上で棚卸資産の評価額を過大にすることです。

　期末にある在庫は，その金額を集計したうえで，

　（借）期末棚卸資産　××円　　／　　（貸）売上原価　××円

という仕訳によって，資産計上されるとともに，その金額だけ売上原価が減額されます。

　仕訳は覚えなくても結構です。

　要は，その金額をごまかせば，いくらでも売上原価を減らして，その分だけ利益を増やすことが可能ということを理解してください。

　ただし，ごまかした分だけ，貸借対照表上に棚卸資産が過大な金額で計上されるのです。

18. 不良在庫と在庫の水増しの違い

　さて，ここでひとつ誤解のないように注意しておくことがあります。

　在庫を水増しすると，貸借対照表上に計上される棚卸資産の過大計上部分が不良資産となります。

　しかし，粉飾によって発生するこのような不良資産は，どこにも存在していません。

　在庫が積んである倉庫に行っても，陳腐化している不良在庫はありません。

　仕訳を入力する際に，金額を過大にしただけであり，それによって倉庫に陳腐化した在庫が積まれるわけではないからです。

　一般的に不良在庫といわれるものとはまったくの別物です。

　不良在庫は，本来は在庫として存在はしているものの，欠陥や陳腐化によって購入時より価値が落ちているもののことをいいます。

　それはそれで，価値の減少部分を評価減として費用化することが必要です。

　そのような費用化が行われていない場合には，不良資産として認識する必要があります。

　それはそれとして大切なチェックポイントかもしれませんが，粉飾に

よる過大計上よりは大きな問題とはなりません。

　不良化や陳腐化を起こす在庫は，実際にモノがありますので，倉庫を視察したりすれば存在を確認できますし，不良在庫が発生しやすい商品はある程度特定できますし，いずれにしても金額が多額になる可能性は比較的高くないからです。

　いずれにしても，分析方法を使い分ける必要はありません。

　粉飾による単なる金額水増しであっても，陳腐化等による不良在庫であっても，分析として必要なのは，**回転日数にして長期の増加傾向を示していないかをチェックする**ことです。

「在庫倉庫を視察したけれど，陳腐化や滞留している在庫がなかったので，棚卸資産の中に不良資産はありません」と判断するようなミスだけは決してしないよう，注意してください。

19.　架空売上

　在庫の水増しと並んで注意を要するのが，架空売上です。

　架空売上を計上した分だけ，利益は過大に粉飾できます。

　多額の粉飾を比較的簡単に行えて，しかも見つかりにくい粉飾方法です。

　架空売上を計上すると，その計上額に見合った架空の売上債権が貸借対照表上に計上されます。

　ですから，架空売上を見つけるには，**売上高の推移からみて，売上債権が異常に増加傾向を示していないか**を，できるだけ長期間のデータを用いてチェックすることが大切です。

　売上債権については，手形で回収済みの受取手形と，未回収の売掛金がありますが，合算して分析すれば大丈夫です。

　ときには別々に分析することが有効なこともありますが，基本的には合計した金額で売上債権全体として回転日数の長期的な推移分析をすればよいでしょう。

　その際には，手形のうちですでに割引いた割引手形分や，裏書きした裏書手形分も合算してください。

　売上債権は会社によって，決算期末日が土日に当たるかどうかで，1月分くらい残高が増減する可能性があります。

　ですから，**長期のトレンドで判断する**ことが，なおさら重要となります。

　また，一時的な取引で金額が増えることがありますので，ときには売上債権と相関関係の強い買掛金や支払手形といった**仕入債務の増減**も同時にチェックして，架空売上の有無を推測することが望まれます。

　一時的な売上で売上債権が大きく増加する場合には，それに対応した仕入債務も一時的に大きく増加しているものと思われます。

　そのようになっているかを確認してみるのです。

　要は，合理的に説明のつかない売上債権回転日数の増加傾向を存在しているかを，データの長期的に並べたところで**多面的に判断する**ことが必要ということです。

20.　内訳明細書のチェック方法

　架空売上の可能性が高いと思われる場合には，売上債権の内訳明細書を確認することが大切です。

　　（借）売掛金　　××円　　　／　　（貸）売上高　　××円

と粉飾の仕訳をいれると，決算書は簡単に粉飾できて，その金額分だけ利益は増額できます。

　しかし，存在していない売掛金が貸借対照表に計上されてしまいます。

　そして実務的には，この存在しない売掛金まで含めたところで，売掛金の内訳明細書を作成する必要が生じます。

　ここで多くの中小企業では，この架空の売掛金が目立たないように，次の３つの方法によって内訳明細書を作成する傾向にあります。

　　①　一番金額の大きな得意先の金額に含めてしまう。

　　②　その他として明細の一番下にまとめて記載してしまう。

　　③　いくつかの相手先に分散してしまう。

　今から①〜③のパターンにしたがって，合計金額が175百万円となっている内訳明細書に，架空の売掛金を40百万円だけ加えてみましょう。

　①の「一番金額の大きな得意先の金額に含めてしまう」という方法は，一見わかりにくいのですが，一番金額の大きな取引先は継続的な取引先のため，取引の月平均額と売上債権の回収期間をヒアリングすれば，自ずと過大な部分が浮き彫りになってきます。

粉飾前の正しい内訳明細書

相手先	金　額
A社	80
B社	50
C社	20
D社	10
その他	15
合　　計	175

①一番金額の大きな得意先の金額に含めてしまう。

相手先	金　額
A社	**120**
B社	50
C社	20
D社	10
その他	15
合　　計	215

②その他として明細の一番下にまとめて記載してしまう。

相手先	金　額
A社	80
B社	50
C社	20
D社	10
その他	**55**
合　　計	215

③いくつかの相手先に分散してしまう。

相手先	金　額
A社	**90**
B社	**60**
C社	20
D社	10
E社	**10**
その他	**25**
合　　計	215

できれば，決算日後の実際の回収状況まで確認できれば，より明確に粉飾を特定できます。

②の「その他として明細の一番下にまとめて記載してしまう」方法は，その他として記載される金額が，他とのバランスにおいて異常に多額となっていることがほとんどです。

ですから他の相手先に対する金額と比較して，その他としてまとめられている金額が異常に多額である場合には，粉飾による不良資産が混在している可能性が高いと判断してよいでしょう。

③の「いくつかの相手先に分散してしまう」という方法は，粉飾の判

断が一番難しい方法ですが，実際に利用されるケースは①，②の方法ほど多くはありません。

　そういった意味では比較的心配する必要はないですが，それでも③の方法で明細を作られると，内訳明細書から不良資産を把握することは困難です。

　その場合には，やはり基本に戻って，売上債権の回転日数が長期にわたって増加していく傾向と，そのようなことが起こるような実態が存在しているかを，丁寧に見ていくことが大切になります。

21.　中小企業の決算書分析における基本のまとめ

　今まで第1章，第2章で見てきた中小企業の財務分析方法を，ここで復習してみましょう。

　儲かっている会社は，売上高が増加傾向にある場合が多いですが，利益は増加傾向にあるとは限りません。

　その代わりに，経営者一族に対する役員報酬や地代家賃が増加傾向を示すことが一般的です。

　同時に交際費も増加しやすい項目のひとつです。

　逆に業績が悪化し始めると，軽く利益調整を行いながら役員報酬等を減額していき，赤字体質を回避する傾向にあります。

　それでも回避できないくらい損失額が大きくなると，粉飾処理を行うようになります。

　つまり，不良資産が貸借対照表に計上されるようになります。

　赤字と黒字で行ったり来たりしている状況であれば，粉飾を行ったり

取り崩したりするため，不良資産は増えたり減ったりしています。

　赤字が継続するようになってしまうと，その赤字を粉飾で隠し続けるために，貸借対照表上に不良資産がひたすら蓄積され始めます。

　小さな粉飾であれば，仮に気がつかなくても，不足の損失を被るような状況にはなりませんが，大きな粉飾を見逃し対応が遅れると，予想外の大損失を被る可能性があります。

　大きな金額で粉飾された場合で，気がつきにくい主なケースは，在庫の過大計上と，架空売上の2つです。

　その場合には，もともと金額の大きい棚卸資産や売上債権が過大となるため，気づきにくいのです。

　それ以外の項目で粉飾をすれば，貸借対照表上で目立ってしまうため，比較的簡単に粉飾を見抜くことが可能です。

　棚卸資産や売上債権を利用して粉飾が行われた場合には，在庫や売上債権の回転日数を長期的に並べてみれば，比較的簡単に見つけることができます。

　一番大切なポイントは，**棚卸資産と売上債権の回転日数を，できるだけ長期間にわたって確認して，増加傾向を示していないか検証すること**で，不測の損害を未然に防ぐことだと思います。

22. 中小企業にとって収益力とは

　会社と個人が実質的に一体となっている中小企業の場合，経営者一族が経済的にどれだけ余力をもっているかを把握することが，財務分析の一番の目的になると思います。

　そうであれば，中小企業の収益力は，利益計上による会社価値のアッ

プを含めて，**経営者一族が会社から経済的便益をどれだけ受けられるか
で判断する**ことが大切です。

$$収益力＝\frac{会　社　の}{計上利益}＋\frac{経営者一族が受ける}{役員報酬等の経済的便益}$$

ということです。

　経営者自身が借入をしており，その返済に会社からの地代家賃や役員
報酬等を当てているために，それらを減らすことができないような場合
には，その相当額分だけ経営者一族が受け取る役員報酬等の経済的便益
を減額して考える必要があります。

$$収益力＝\frac{会　社　の}{計上利益}＋\frac{経営者一族が受ける}{役員報酬等の経済的便益}－\frac{うち借入返済等の}{ため実質的に減額}{できない経済的便益}$$

　粉飾されている決算書の場合には，計上利益を粉飾額だけ修正するこ
とが必要です。

$$収益力＝\frac{会　社　の}{計上利益}＋\frac{経営者一族が受ける}{役員報酬等の経済的便益}－\frac{１年あたりの}{粉　　飾　　額}$$

となります。

　１年あたりの粉飾額とは，増加傾向にある売上債権や在庫等につい
て，その異常に増加している金額を，異常に増加しはじめてからの年数
で割れば，推測できます。

　たとえば，売上高は一定であり，そのほかに特別な理由がないにもか
かわらず，在庫が５年間で5,000万円ほど異常に増加しているのであれ
ば，１年あたりの粉飾額は，

　1,000万円　（＝5,000万円÷５年）

と推測できます。

　その場合，会社の利益は計上されている当期純利益より，各年度とも
平均して1,000万円ほどマイナスであったと考えることが妥当と思われ

ます。

　収益力がマイナスになる年度もあることでしょう。

　実質的には赤字決算であったということです。

　儲かっている会社における決算書の見方は，**経営者一族が何人でどれだけの経済的利益を享受しながら，なお会社でいくらの利益が計上できているか**，という見方が正しい見方だと思います。

　一方，赤字体質を粉飾でごまかしている会社の場合は，**経営者一族が何人でどれだけの経済的利益を享受することで，結果として会社は実質的にいくらの赤字となっているか**，という見方になるのでしょう。

第 3 章

その他の留意事項

１．粉飾用に別の決算書が作られている？

　粉飾を行っている会社には，複数の決算書があると世間ではいわれているようです。

　本当の決算書と，銀行用の決算書があるというわけです。

　場合によっては，税務署用の決算書もあるとか，取引銀行の数だけあるとかいわれます。

　しかし，一般的には決算書は１つしかありません。

　粉飾を行っている会社の場合であっても，決算書は１つしかない場合がほとんどです。

　儲かっている会社にとっては，税務署は怖いけれど，銀行は怖くありません。

　融資を受けるために苦労するという状況にないからです。

　ですから，節税対策だけを意識して決算をすればよいことになります。

　その節税を意識した決算書とは別に，銀行用の決算書を作成するという動機はあまり存在しません。

　一方，赤字体質に陥っている会社の場合には，銀行は怖いけど，税務署は怖くありません。

　儲かっていないので，納税負担の心配がほとんどないからです。

　ですから，銀行だけを意識して粉飾決算書を作成します。

　粉飾によって黒字の決算書を作成するため，結果としては法人税等を

負担することになります。

　しかし，粉飾して黒字決算にするとしても，多額の黒字にするケースはほとんどありません。

　比較的少額の利益を計上するだけです。

　当然，法人税等も少ししか発生しません。

　ですから，わざわざ複数の決算書を作ることは少ないのです。

　他に正しい決算書があるというのではという発想は，とくに重要ではないと思います。

2．利益率に注目する

　儲かっている会社は，節税を考えて決算書上の利益を少なくしようとします。

　一方で，赤字体質の会社は，銀行対策として，若干の利益を計上するように，粉飾をする傾向にあります。

　ほとんどの中小企業は，毎期少額の利益計上をするように，決算書を作成しようとしているのです。

　社長が妥当と思う利益の水準は，一般的には

　税引前利益で売上高の0.5％

　課税負担が売上高の0.2％

　税引後の当期純利益が売上高の0.3％

くらいです。

　売上高が１億円の会社であれば，その0.5％にあたる50万円くらいの税引前利益となる決算書を作成しようとします。

　そうすれば法人税等も数十万円ですので，その程度の納税負担なら

ば，比較的気持ちよく支払うことができるからです。

　売上高が10億円の会社であれば，税引前利益が500万円くらいとなる決算書を作成しようとするでしょう。

　この規模の会社であれば，数百万円程度の納税負担は，重たいと感じられない金額だと思います。

　逆に考えると，この規模の会社が毎期500万円程度の税引前利益を計上して，数百万円の税金を毎期納税していたとしても，それだけで安心できる業績とはいえないということです。

　この規模の会社にとって，数百万円程度の納税は比較的簡単に行えるため，本当は赤字で法人税等を支払う必要がないのに，わざわざ粉飾をして黒字決算を組み，法人税等まで支払うことが多いのです。

　利益率が低い場合，黒字決算が続いていても安心できないということです。

３．利益だけをみて安心できる会社とは

　売上高に対する税引前の利益率が５％程度で，売上高に対して２％程度の法人税等を支払っている会社の決算書は信頼性が高いといえます。

　最終の当期純利益は，売上高に対して３％程度となります。

　それだけの税額を支払うことは，会社にとってかなりの負担といえます。

　売上高１億円の会社が200万円支払う，あるいは，売上高10億円の会社が２千万円支払うというのは，結構たいへんです。

　わざわざ粉飾をして，それだけの税金を支払う経営者はほとんどいな

いでしょう。

　節税しようと考えたけれど，それでも儲かりすぎたため，結果として200万円，あるいは２千万円もの税金を支払うことになったと考えるのが自然です。

　不良資産があったのであれば，当然に費用処理して節税をはかっているはずですので，貸借対照表上に不良資産が残っている可能性も考えにくい状況といえます。

　売上高に対して当期純利益の比率がどの程度になっているかは，気にしておきたいポイントです。

４．利益の金額で判断するリスク

　銀行が粉飾決算に気づかずに融資を継続して多額の損失を被るケースとして，売上高が100億円を超えており，毎期数千万円の納税をして，同じく数千万円の最終利益を計上しているケースを数多く見かけます。

　売上高が100億円を超えるような会社は，ちょっとした大企業であり，当然に地元では有力企業として位置付けられているはずです。

　しかも，毎期安定して数千万円もの利益を計上していれば，黒字体質の会社だと判断してしまうのも仕方ないかもしれません。

　しかし，売上高が100億円を超えるような会社にとって，数千万円程度の納税は，さほど痛くないのです。

　この規模の会社では，数千万円程度の経費は珍しくないからです。

　それだけの納税をすることで，業績がよいと誤解されて，融資が継続してもらえるのであれば，安いものなのです。

　この規模の会社であっても，在庫や売上債権の回転日数を長期にわた

って並べてみれば，比較的簡単に粉飾に気がつくはずです。

　業績については，**利益の額で検討すると痛い目にあう可能性**がありま
す。

　売上に対する利益率で考えるという習慣を，ぜひ身につけてほしいと
思います。

　売上高が100億円を超えるような会社が，毎期数億円の納税をして，
最終利益も億単位になっているのであれば，財務分析を継続するまでも
なく，それは本当に優秀な企業と考えてよいでしょう。

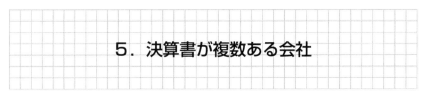

５．決算書が複数ある会社

　粉飾によって決算書を複数作成している会社は，比較的珍しいケース
ではありますが，たしかに存在しています。

　その場合への対応策として，役に立つチェックポイントを，今から簡
単に解説しておきます。

　決算書が複数存在する場合であっても，基本的にはつじつまが合うよ
うに説明できるよう，決算書に合わせた内訳明細書も複数作成している
と思われます。

　内訳明細書と突き合わせても仕方ありません。

　一方，決算書が複数ある会社であっても，法人税申告書を複数提出し
ている会社はありません。

　ですから，チェックするのであれば**法人税申告書との整合性を確認す
る**のが有効です。

　決算書と法人税申告書とで，一致すべきところが一致しているかを確
認すれば，決算書が本物かどうか，比較的簡単に判断できます。

　数字が一致しているかをチェックするポイントは，次の３カ所で十分
でしょう。

　①　決算書の当期純利益と，別表４の一番上に記載された当期純利益

　　　（別表４で，一行目の①列にある数値）

　②　決算書の繰越利益剰余金と，別表５（一）の中段右端にある繰越
　　損益金

　　　（別表５（一）で，26行目の④列にある数値）

　③　決算書の未払法人税等と，別表５（二）の一番右下にある期末納
　　税充当金

　　　（別表５（二）で，41にある数値）

　これらの数字は，基本的には一致しています。

　ですから，これらが一致していない場合には，決算書が複数存在して
いる可能性があります。

　ただし，この３つがすべて一致していなかったとしても，必ず複数の
決算書があるとは断定できません。

　法人税申告書の作成が間違っていることなども考えられます。

　ですから，一致していなかった場合には理由をヒアリングして，その
理由に合理性があるかを確認することで，粉飾の有無を判断するように
してください。

　ちなみに，法人税申告書すらコピー等によって偽物を作成している会
社があります。

　粉飾の可能性が高い場合には，法人税申告書控の原本，つまり**税務署
の収受印が押されている法人税申告書控**もしくは電子申告の控であるメ
ール詳細と書かれた書類（電子申告受信通知）等で，整合性等のチェッ
クを行うことが必要です。

所得の金額の計算に関する明細書　①

事業年度	3・4・1 4・3・31	法人名	株式会社　財務分析

御注意

「48」の①欄の金額は、②欄の金額に③欄の本書の金額を加算し、これから「※」の金額を加減算した額と符合することになりますから留意してください。

	区　　分		総　額 ①	処 留　保 ②	分 社　外　流　出 ③
	当 期 利 益 又 は 当 期 欠 損 の 額	1	500,000 円	500,000 円	配当
					その他
加	損金経理をした法人税及び地方法人税（附帯税を除く。）	2			
	損金経理をした道府県民税及び市町村民税	3			
	損 金 経 理 を し た 納 税 充 当 金	4	70,000	70,000	
	損金経理をした附帯税（利子税を除く。）、加算金、延滞金（延納分を除く。）及び過怠税	5			その他
	減 価 償 却 の 償 却 超 過 額	6			
	役 員 給 与 の 損 金 不 算 入 額	7			その他
算	交 際 費 等 の 損 金 不 算 入 額	8	60,000		その他　60,000
		9			
		10			
	小　　　　　計	11	130,000	70,000	60,000
減	減 価 償 却 超 過 額 の 当 期 認 容 額	12			
	納税充当金から支出した事業税等の金額	13			
	受 取 配 当 等 の 益 金 不 算 入 額 （別表八（一）「13」又は「26」）	14			※
	外国子会社から受ける剰余金の配当等の益金不算入額 （別表八（二）「26」）	15			※
	受 贈 益 の 益 金 不 算 入 額	16			※
	適 格 現 物 分 配 に 係 る 益 金 不 算 入 額	17			※
	法人税等の中間納付額及び過誤納に係る還付金額	18			
算	所得税額等及び欠損金の繰戻しによる還付金額等	19			※
		20			
	小　　　　　計	21	0	0	外※ 0
	仮　　　　　計 （1）＋（11）－（21）	22	630,000	570,000	外※ 0 60,000
	対 象 純 支 払 利 子 等 の 損 金 不 算 入 額 （別表十七（二の二）「27」又は「32」）	23			その他
	超 過 利 子 額 の 損 金 算 入 額 （別表十七（二の三）「10」）	24	△		※ △
	仮　　　　　計 （（22）から（24）までの計）	25			外※
	被合併法人等の最終の事業年度の欠損金の損金算入額	26	△		※
	寄 附 金 の 損 金 不 算 入 額 （別表十四（二）「24」又は「40」）	27			その他
	沖縄の認定法人又は国家戦略特別区域における指定法人の所得の特別控除額（別表十（一）「9」若しくは「13」又は別表十（二）「8」）	28	△		※
	法 人 税 額 か ら 控 除 さ れ る 所 得 税 額 （別表六（一）「6の③」）	29			その他
	税 額 控 除 の 対 象 と な る 外 国 法 人 税 の 額 （別表六（二の二）「7」）	30			その他
	分配時調整外国税相当額及び外国関係会社等に係る控除対象所得税額等相当額（別表六（五の二）「5の②」＋別表十七（三の六）「1」）	31			その他
	組合等損失額の損金不算入額又は組合等損失超過合計額の損金算入額 （別表九（二）「10」）	32			
	対外船舶運航事業者の日本船舶による収入金額に係る所得の金額の損金算入額又は益金算入額（別表十（四）「20」、「21」又は「23」）	33			※
	合　　　　計 （25）＋（26）＋（27）＋（28）＋（30）＋（31）＋（32）＋（33）	34	630,000	570,000	外※ 0 60,000
	契 約 者 配 当 の 益 金 算 入 額 （別表九（一）「13」）	35			
	特定目的会社等の支払配当又は特定目的信託に係る受託法人の利益の分配等の損金算入額（別表十（八）「13」、別表十（九）「11」又は別表十（十）「16」若しくは「33」）	36	△	△	
	中間申告における繰戻しによる還付に係る災害損失欠損金額の益金算入額	37			※
	非適格合併又は残余財産の全部分配等による移転資産等の譲渡利益額又は譲渡損失額	38			※
	差　　　　引　　　　計 （34）から（38）までの計	39	630,000	570,000	外※ 0 60,000
	欠 損 金 又 は 災 害 損 失 金 等 の 当 期 控 除 額 （別表七（一）「4の計」＋別表七（二）「9」若しくは「21」又は別表七（三）「10」）	40	△ 630,000		※ △ 630,000
	総　　　　　計 （39）＋（40）	41	0	570,000	外※ △630,000 60,000
	新鉱床探鉱費又は海外新鉱床探鉱費の特別控除額 （別表十（三）「43」）	42	△		※ △
	農業経営基盤強化準備金積立額の損金算入額 （別表十二（十四）「10」）	43	△	△	
	農用地等を取得した場合の圧縮額の損金算入額 （別表十二（十四）「43の計」）	44	△	△	
	関西国際空港用地整備準備金積立額、中部国際空港整備準備金積立額又は再投資等準備金積立額の損金算入額（別表十二（二十一）「15」、別表十二（二十二）「10」又は別表十二（二十二）「12」）	45	△	△	
	特別新事業開拓事業者に対し特定事業活動として出資をした場合の特別勘定繰入額の損金算入額又は特別勘定取崩額の益金算入額（別表十（六）「14」－「11」）	46			※
	残余財産の確定の日の属する事業年度に係る事業税及び特別法人事業税の損金算入額	47	△	△	
	所 得 金 額 又 は 欠 損 金 額	48	0	570,000	外※ △630,000 60,000

利益積立金額及び資本金等の額の計算に関する明細書

| 事業年度 | 3・4・1 4・3・31 | 法人名 | 株式会社　財務分析 |

別表五(一)

令三・四・一以後終了事業年度分

御注意
この表は、通常の場合には次の算式により検算ができます。
期首現在利益積立金額合計「31」① ＋ 別表四留保所得金額又は欠損金額「48」 － 中間分、確定分法人税県市民税の合計額 ＝ 差引翌期首現在利益積立金額合計「31」④

Ⅰ　利益積立金額の計算に関する明細書

区　分		期首現在利益積立金額 ①	当期の増減		差引翌期首現在利益積立金額 ①-②+③ ④
			減 ②	増 ③	
利　益　準　備　金	1	円	円	円	円
積　立　金	2				
	3				
	4				
	5				
	6				
	7				
	8				
	9				
	10				
	11				
	12				
	13				
	14				
	15				
	16				
	17				
	18				
	19				
	20				
	21				
	22				
	23				
	24				
	25				
繰越損益金（損は赤）	26	2,000,000	2,000,000	2,500,000	2,500,000
納　税　充　当　金	27	70,000	70,000	70,000	70,000
未納法人税等	未納法人税及び未納地方法人税（附帯税を除く。）	28	△	△	中間△ 確定△	△
	未納道府県民税（均等割額を含む。）	29	△ 20,000	△ 20,000	中間△ 確定△	△
	未納市町村民税（均等割額を含む。）	30	△ 50,000	△ 50,000	中間△ 確定△	△
差　引　合　計　額	31	2,000,000	2,000,000	2,570,000	2,570,000

（②）

Ⅱ　資本金等の額の計算に関する明細書

区　分		期首現在資本金等の額 ①	当期の増減		差引翌期首現在資本金等の額 ①-②+③ ④
			減 ②	増 ③	
資本金又は出資金	32	10,000,000 円	円	円	10,000,000 円
資　本　準　備　金	33				
	34				
	35				
差　引　合　計　額	36	10,000,000			10,000,000

租税公課の納付状況等に関する明細書

事業年度: 3・4・1　4・3・31　法人名: 株式会社 財務分析

別表五(二)　令三・四・一以後終了事業年度分

税目及び事業年度			期首現在未納税額 ①	当期発生税額 ②	当期中の納付税額			期末現在未納税額 ①+②-③-④-⑤ ⑥
					充当金取崩しによる納付 ③	仮払経理による納付 ④	損金経理による納付 ⑤	
法人税及び地方法人税	・　・	1	円		円	円	円	円
	・　・	2						
	当期分 中間	3		円				
	確定	4						
	計	5	0	0	0	0	0	0
道府県民税	・　・	6						
	2・4・1 3・3・31	7	20,000		20,000			0
	当期分 中間	8						
	確定	9						
	計	10	20,000	0	20,000	0	0	0
市町村民税	・　・	11						
	2・4・1 3・3・31	12	50,000		50,000			0
	当期分 中間	13						
	確定	14						
	計	15	50,000	0	50,000	0	0	0
事業税及び特別法人事業税	・　・	16						
	・　・	17						
	当期中間分	18						
	計	19	0	0	0	0	0	0
その他 損金算入のもの	利子税	20						
	延滞金(延納に係るもの)	21						
		22						
		23						
損金不算入のもの	加算税及び加算金	24						
	延滞税	25						
	延滞金(延納分を除く。)	26						
	過怠税	27						
その他のもの		28						
		29						

納税充当金の計算

期首納税充当金	30	70,000 円	取崩額 その他 損金算入のもの	36 円
繰入額 損金経理をした納税充当金	31	70,000	損金不算入のもの	37
	32			38
計 (31)+(32)	33	70,000	仮払税金消却	39
取崩額 法人税額等 (5の③)+(10の③)+(15の③)	34	70,000	計 (34)+(35)+(36)+(37)+(38)+(39)	40	70,000
事業税及び特別法人事業税 (19の③)	35		期末納税充当金 (30)+(33)-(40)	41	70,000

③

６．赤字の決算書を作成する会社

　今までは，赤字になった場合には粉飾処理を行うことで黒字決算を行うという前提で，財務分析の方法を説明してきました。

　銀行借入が必要な会社が実質赤字会社の場合，その多くは粉飾処理によって実際に黒字決算を行っています。

　しかし，銀行借入があるにもかかわらず赤字決算を行っている会社も数多くあります。

　一体どういうことでしょうか。

　赤字決算を行う会社は，大きく次の３つに区分されます。

①　社長が正直な会社

②　決算対策が下手な会社

③　節税を考慮して前向きな赤字決算を行う会社

　①については，素敵な志をもった社長だと思います。

　ただし，それならそれで適正な決算を行ったとしても赤字にならないよう，優秀な経営成績を残すようにしないといけないでしょう。

　正直な行為を否定する気はありませんが，少なくとも実務としては銀行取引や納税負担等において損をしやすい面がある会社といえます。

　②については，計数能力の低い社長というマイナス評価が必要になると思います。

　節税についても十分な対応ができないタイプの会社だといえるでしょう。

　このタイプの場合には，実際に納税負担等で損をしている会社を数多く見かけます。

　③については，財務分析上で判断ミスをしやすいケースといえます。

　当事者は節税のために意図的に赤字決算を組んでいるのです。

　節税が必要ということは，儲かっている，あるいは今後儲かりそうということなのです。

　銀行から融資を断わられるという恐れを感じないほど業績がいいから，堂々と赤字決算が組めるのです。

　であるにもかかわらず，赤字で業績の芳しくない会社と判断を間違えてしまう人が珍しくありません。

　まったく逆の判断をしてしまうのは大問題です。

　注意を要するポイントなので，もう少し詳しく説明します。

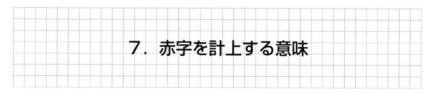

7．赤字を計上する意味

　前に，税務上の繰越欠損金は，その後10年間のあいだに計上される利益と相殺して税額計算ができるという説明をしました。

　節税効果があるということです。

　たとえば，7年平均して収支がトントンになるようなA社とB社があったとしましょう。

　どちらも収益力は同じであるといえます。

　ここでA社は，毎期の利益がゼロという決算を7年続けました。

　利益がゼロであるため，法人税等はほとんど発生しません。

　B社は，初年度に特別損失によって600万円の赤字を計上して，その

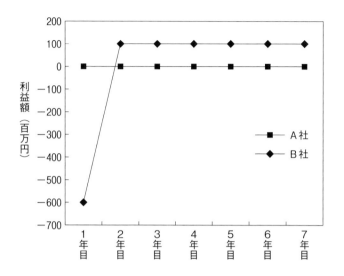

後６年間で毎期100万円の利益を計上しました。

　２年目から計上される合計600万円の黒字は，初年度に計上された600万円の赤字と相殺されるため，同じく法人税等がほとんど発生しません。

　では，どちらの会社が行った決算が，財務戦略として賢いといえるでしょう。

　まず銀行の視点で考えると，Ａ社は毎期ほとんど利益を計上できない会社という評価になるでしょう。

　それに比べてB社は，一時的な要因で赤字を計上したものの，基本的には収益力のある会社という評価が得られると思います。

ですから，B社に軍配があがります。

　次に税務的な視点で考えると，どちらも法人税等をほとんど支払っていないため，一見同じ評価になるように思われます。

しかし，たとえば3年目に税務調査が入って200万円の未収収益計上漏れを指摘されたとすると，A社は追徴課税を受けることになります。

一方で，税務上の繰越欠損金があるB社には追徴課税が発生しません。

さらにいうと，B社は税務上の繰越欠損金を有しているため，もともと税務調査が入る可能性がA社より低いと考えられます。

ですから，B社のような決算を組んだほうが，いろいろな面で有利なことが多いと思われます。

優秀な業績を上げている社長のうち，比較的多くの割合の社長は，このB社のような決算を理想と考えています。

ですから，赤字決算の会社には，結構いい会社が混在しています。

ただ単に業績が悪いのか，意図的に赤字先行の決算を行っているのか，**赤字決算を行った理由をよく確認する**ことはとても大切です。

前向きに赤字先行のB社のような決算を組む会社は，一般的に役員報酬が1,000万円以上と高くなっていることが多いので，その点にも注目して判断すると，間違った判断はグッと減るように思います。

8．月次試算表の信頼性

粉飾決算という言葉があるためか，決算書を分析する際には粉飾処理が行われていないか注意する人が多いと思います。

一方，試算表には粉飾試算表という言葉がないためか，粉飾がないと勘違いしている人をよく見かけます。

赤字という事実を隠すために粉飾をする会社が，試算表だからといっ

て粉飾しない保証はまったくありません。

むしろ，決算書を粉飾する会社は，試算表でも粉飾する可能性が高い
といえるでしょう。

ですから，**試算表を必要以上に信用することは非常に危険**です。

さらにいうと，月次試算表を財務分析に利用することは非常に難しい
といえます。

決算書の場合は，多額の利益計上をすると，通常は相当額の納税負担
が発生するため，多額の利益計上をするような粉飾決算はあまり行われ
ません。

Column

試算表の信頼度

金融機関の会議に出ていると，「この融資先は，直近の試算表でも順調に利
益計上しているので，問題ないと思います」という発言をよく聞きます。

私はその都度「えっ」と耳を疑ってしまうのですが，会議に出ている金融機
関の方々は，一様に納得されている様子。

銀行員相手のセミナーでアンケートをとっても，「決算書より試算表のほう
が信頼できると思うか」という質問に対して，YESに挙手する方が大半を占
めることも珍しくありません。

「たまに徴求する試算表ほど信用できないものはない」というのが私の感覚で
す。

ごまかし放題なのが試算表だからです。

試算表を信じた融資で損失を被るリスクは少なくないので，むしろ「試算表
は一切徴求しない」というルールにしたほうがよいとすら思います。

試算表を融資判断のために徴求するのであれば，毎月徴求する，もしくは，
毎年同じ時期に必ず徴求して前期比較をすることを大原則にすべきだと思いま
す。

　仮に粉飾されたとしても，内訳明細書を見たり，長期の決算書データを並べて，在庫や売上債権の回転日数等を分析することができます。

　変な粉飾処理をすると，違和感のない内訳明細書を作成することが困難となってしまうため，一定の方法でしか粉飾が行われない傾向があります。

　ですから，決算書の分析は比較的容易といえます。

　一方で，試算表の場合には，内訳明細書を作成する必要もないし，長期のトレンドを見られることもないし，どれだけ利益計上しても税金は発生しないため，粉飾処理はやりたい放題です。

　とても信用できる状況ではありません。

　月次試算表に計上されている利益を，経過月数で割って12を掛けた金額を，決算における利益見込みと考えるようなことは，論外です。
月次試算表における当期純利益は，実態をまったく反映していない可能性があるからです。

　どのように粉飾されているかを分析することが非常に難しいということも，月次試算表の利用を困難にしている大きな理由のひとつです。

9．月次試算表の財務分析

　では月次試算表は，どのように利用するとよいのでしょうか。

　決算書の粉飾と，月次試算表の粉飾とでは，粉飾処理の丁寧さが違います。

　決算書では内訳明細書の作成等が必要となるため，いろいろ考えたうえで，嘘をごまかす説明がしやすいよう，慎重に粉飾処理が行われま

す。

　ですから，慎重に行われる分だけ一定の法則に従ってしまうため，丁寧に分析していくと逆に粉飾の把握が簡単です。

　一方で，月次試算表は内訳明細書等を求められることもないし，その結果で納税負担が発生するわけでもないため，簡単に粉飾を行う傾向にあります。

　架空売上の仕訳を一行入力して，利益額を簡単に粉飾して，それで完成。

　その程度の雑な粉飾が多いと思います。

　細かなところまで粉飾されている可能性は高くないといえます。

　ですから，一つひとつの経費が増えているか等をチェックするには，月次試算表は役に立つと思います。

　あと，月次試算表を分析するタイミングも，重要なポイントとなります。

　11カ月を経過した段階の月次試算表で，相当額の架空売上を計上すると，さらに1月分加えて確定する本決算での売上高を超えてしまう可能性があります。

　11カ月経過後の試算表と，12カ月経過によって作成される決算書と比較して，その内容があまりに違っているようでは，粉飾処理を疑われたり，信用を損なう心配が発生してしまいます。

　ですから，決算を見込んだうえで，11カ月の月次試算表を作成する必要が生じます。

　さらにいうと，単に決算を見込むだけではなく，その結果をどう粉飾するかまで検討したうえで，月次試算表の粉飾を行う必要があるのです。

適当に粉飾することが難しくなる分，信頼性は高まります。

一方で，決算日から半年も経っていない段階での月次試算表などは，見るべき価値がほとんどありません。

どのように粉飾しても，発覚する恐れが少ないため，いい加減な月次試算表が作成されている可能性が高いからです。

月次試算表をチェックするなら，**できるだけ経過月数の長いものを分析**してください。

経過月数がある程度確保されていれば，その期の決算における売上高や最終利益を推測するのに，ある程度は役に立つと思われます。

ちなみに，その場合であっても，売上高や最終利益に関する推測値とは，しょせんは粉飾された後の決算書の推測値でしかありませんので，注意が必要です。

10. 月次試算表の正しい分析方法とは

月次試算表は，信頼性の確保や検証が難しいため，粉飾が行われる可能性が排除できない限り，財務分析に利用することが非常に困難です。ただし，1つだけよい方法があります。

それは月次試算表を毎月取り寄せて，そのトレンドを毎月確認するという方法です。

このような手続きを踏めば，粉飾をされることも少ないでしょうし，年に1回しか作成されない決算書で分析するより，詳細な財務分析ができます。

毎月のトレンドを把握しながら，前年同月比等も確認しながら，年に1回の決算時には内訳明細書等も利用して粉飾の可能性をチェックす

る。

　このような財務分析を継続的に行えば，とても詳しく，かつタイムリーに，会社の業績推移等を把握できることでしょう。

　しかし，月次試算表を毎月取り寄せて分析を継続することは，非常に手間がかかります。

　今にも資金ショートを起こして倒産しそうな会社を相手にする場合であれば，この程度の手間をかける価値もあるでしょう。

　しかし，そこまで業績が悪化していない会社に対して，ここまで手間を掛けて財務分析を継続することは，あまり効率的な融資審査の方法とはいえないように思います。

　今までに説明してきた中小企業の決算書に対する財務分析で，そこまで手間をかけるほど危ないかもと思われる場合には，いきなり月次試算表による分析に移行する前に，まずは**キャッシュフローの分析**（第4章）を行ってください。

　そのほうが手間がかかりませんし，キャッシュフローの分析をすれば粉飾の程度をより浮き彫りにできますので，月次試算表の継続的な分析が必要かどうかの判断ができると思います。

11．複数の会社を経営している場合

　企業は大きくなると，事業範囲も拡大します。

　拡大していく事業に合わせて新会社も設立されていきます。

　その結果，一人の社長が複数の会社を経営したり，その会社がさらに子会社を所有したりします。

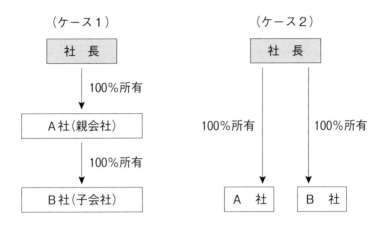

事業の内容も多岐にわたります。

会社が設立されていく時期は，一般的には業績のよいことが多いと思われます。

しかし，複数業種の会社経営を，実際に維持していくことは大変です。

実態把握も複雑困難になります。

したがって，財務状況の分析判断に関しても，通常より慎重になる必要があります。

多角化した経営グループについては，一体管理が大切です。

複数の会社（あるいは個人）を，実質同一であると見なして，財務状況のチェックをする必要があります。

しかし，関連会社があったとしても，融資残高がないといった安易な理由で，決算書を徴求していない事例を見かけることは珍しくありません。

よくない考え方だと思います。

ケース1のような形態は，親子会社といわれています。

この場合，会社の財務状況は，まず個々に把握することが必要です。

さらに，親子会社間で原材料の仕入れ，商品の販売，サービスの提供

などの取引に際して利益移転を行っている可能性もありますので，連結決算によって業績を検討することも大切です。

　ケース２のような形態は，親子会社とはいいません。

　しかし実態としては，親子会社間のように利益移転を行っている可能性もありますので，やはり連結決算と同じ考え方で業績を検討することが大切です。

　上場していないような規模ならば，実際にはケース２のような場合も多いと思います。

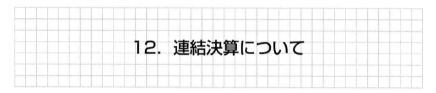

12. 連結決算について

　連結決算について詳しく勉強しようとするならば，大変な労力が必要となります。

　しかし，融資審査をするためには，細かな論点など重要ではありません。

　今から，連結決算による分析のために，最低限必要な知識を，事例によって説明します。

　ここに２つの貸借対照表があります。

　資産合計は，それぞれ1,000と，500です。

　この２つを単純に合算すると，資産合計は1,500になります。

　負債・純資産合計も，各貸借対照表のそれを加えた金額となっています。

　ここで，借方のＢ社買掛金と，貸方のＡ社買掛金は一致しています。

　Ａ社，Ｂ社の間で取引をした結果，同額の債権債務が残っていたはず

Ａ　社

科　目	金額	科　目	金額
現 金 預 金	220	買　掛　金	275
B社売掛金	**300**	短 期 借 入 金	242
他　売 掛 金	39	未　払　金	23
棚 卸 資 産	40	長 期 借 入 金	315
B社貸付金	**60**		
車　　両	41	負 債 合 計	855
土　　地	190	資　本　金	30
B子会社株式	**10**	利 益 剰 余 金	115
不良資産？	100		
		純 資 産 合 計	145
資 産 合 計	1,000	負債・純資産合計	1,000

Ｂ　社

科　目	金額	科　目	金額
現 金 預 金	89	**A社買掛金**	**300**
売 掛 金	103	他　買 掛 金	87
棚 卸 資 産	120	未　払　金	20
不良資産？	80	**A社借入金**	**60**
車　　両	13		
建　　物	55	負 債 合 計	467
器 具 備 品	23	**資　本　金**	**10**
その他	17	利 益 剰 余 金	23
		純 資 産 合 計	33
資 産 合 計	500	負債・純資産合計	500

単 純 合 算

科　目	金額	科　目	金額
現 金 預 金	309	**A社買掛金**	**300**
B社売掛金	**300**	他　買 掛 金	362
他　売 掛 金	142	未　払　金	43
棚 卸 資 産	160	短 期 借 入 金	242
B社貸付金	**60**	**A社借入金**	**60**
建　　物	55	長 期 借 入 金	315
車　　両	54		
器 具 備 品	23	負 債 合 計	1,322
土　　地	190	資　本　金	30
B子会社株式	**10**	**B 社 資 本 金**	**10**
そ の 他	17	利 益 剰 余 金	138
不良資産？	180		
		純 資 産 合 計	178
資 産 合 計	1,500	負債・純資産合計	1,500

ですから，当然です。

　これら借方，貸方の計上額を相殺します。

　A社，B社を合わせて同一会社と考えるならば，その間には債権債務がないからです。

　借方のB社貸付金と，貸方のA社借入金も一致しています。

　同じく相殺します。

　借方に計上されているB子会社株式は，借方のB社資本金と相殺しま

単 純 合 算

科　　目	金額	科　　目	金額
現 金 預 金	309	A 社 買 掛 金	300
B 社 売 掛 金	300	他 　売 掛 金	362
他 　売 掛 金	142	未 　払 　金	43
棚 卸 資 産	160	短 期 借 入 金	242
B 社 貸 付 金	60	A 社 借 入 金	60
建 　　　物	55	長 期 借 入 金	315
車 　　　両	54		
器 具 備 品	23	負 債 合 計	1,322
土 　　　地	190	資 　本 　金	30
B子会社株式	10	B 社 資 本 金	10
そ 　の 　他	17	利 益 剰 余 金	138
不 良 資 産 ?	180		
		純 資 産 合 計	178
資 産 合 計	1,500	負債・純資産合計	1,500

連結貸借対照表

科　　目	金額	科　　目	金額
現 金 預 金	309	A 社 買 掛 金	0
B 社 売 掛 金	0	他 　売 掛 金	362
他 　売 掛 金	142	未 　払 　金	43
棚 卸 資 産	160	短 期 借 入 金	242
B 社 貸 付 金	0	A 社 借 入 金	0
建 　　　物	55	長 期 借 入 金	315
車 　　　両	54		
器 具 備 品	23	負 債 合 計	962
土 　　　地	190	資 　本 　金	30
B子会社株式	0	B 社 資 本 金	0
そ 　の 　他	17	利 益 剰 余 金	138
不 良 資 産 ?	180		
		純 資 産 合 計	168
資 産 合 計	1,130	負債・純資産合計	1,130

す。

　もともとA社の貸借対照表に計上されていた子会社株式は，B社の貸借対照表では資本金となっているはずだからです。

　（先ほどのケース2のような場合には，この3つ目の作業が不要となります）

　以上3つの相殺を実行すると，貸借対照表は上記右表のようになります。

　これが，連結貸借対照表です。

　連結した結果，純資産合計が168であるのに対して，不良資産と思われる資産が180あり，グループ全体として債務超過であることがわかります。

　連結損益計算書も作成してみましょう。

　ここに2つの損益計算書があります。

　当期純利益は，それぞれ10，20です。

　この2つを単純に合算すると，次ページ下表のようになります。

A　社

科　　目	金額	科　　目	金額
売 上 原 価	400	B社売上高	350
（期首在庫）	（30）	他　売上高	147
（当期仕入）	（410）		
（期末在庫）	（▲40）	B社受取利息	2
販 　 管 　 費	75	他　受取利息	1
支 払 利 息	15		
費用合計	490		
差引（利益）	10	収益合計	500

B　社

科　　　目	金額	科　　目	金額
売 上 原 価	750	売 　 上 　 高	1,000
（期 首 在 庫）	（20）		
（A社当期仕入）	（350）		
（他　当期仕入）	（500）		
（期 末 在 庫）	（▲120）		
販 　 管 　 費	228		
A社支払利息	2		
費用合計	980		
差引（利益）	20	収益合計	1,000

単 純 合 算

科　　目	金額	科　　目	金額
売 上 原 価	1,150	B 社 売 上 高	350
（期 首 在 庫）	（50）	他　売 上 高	1,147
（A社当期仕入）	（350）		
（他　当期仕入）	（910）	B 社 受 取 利 息	2
（期 末 在 庫）	（▲160）	他　受 取 利 息	1
販 　 管 　 費	303		
A社支払利息	2		
支 払 利 息	15		
費用合計	1,470		
差引（利益）	30	収益合計	1,500

　当期純利益も，各損益計算書のそれを加えた金額30（＝10＋20）とな
っています。

　ここで，借方のA社仕入と，貸方のB社売上は一致しています。

　A社，B社の間で取引をした結果，同額の売上と仕入が計上されてい
たはずですから，当然です。

　これら借方，貸方の計上額を相殺します。

　A社，B社を合わせて同一会社と考えるならば，その間には売上も仕
入もないからです。

　借方のA社支払利息と，貸方のB社受取利息も一致しています。

　同じく相殺します。

単純合算

科　目	金額	科　目	金額
売 上 原 価	1,150	B社売上高	350
（期首在庫）	(50)	他　売上高	1,147
（A社当期仕入）	(350)		
（他 当期仕入）	(910)	B社受取利息	2
（期 末 在 庫）	(▲160)	他　受取利息	1
販　管　費	303		
A社支払利息	2		
支 払 利 息	15		
費用合計	1,470		
差引（利益）	30	収益合計	1,500

連結損益計算書

科　目	金　額	科　目	金額
売 上 原 価	800	B社売上高	0
（期首在庫）	(50)	他　売上高	1,147
（A社当期仕入）	(0)		
（他 当期仕入）	(910)	B社受取利息	0
（期 末 在 庫）	(▲160)	他　受取利息	1
販　管　費	303		
A社支払利息	0		
支 払 利 息	15		
費用合計	1,118		
差引（利益）	30	収益合計	1,148

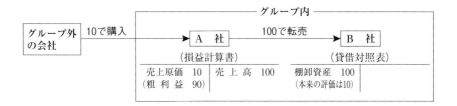

連結貸借対照表

科　目	金　額	科　目	金　額
現 金 預 金	309	A社買掛金	0
B社売掛金	0	他　買掛金	362
他　売掛金	142	未　払　金	43
棚 卸 資 産	160－90	短期借入金	242
B社貸付金	0	A社借入金	0
建　　物	55	長期借入金	315
車　　両	54		
器 具 備 品	23	負債合計	962
土　　地	190	資　本　金	30
子会社株式	0	資　本　金	0
そ の 他	17	利益剰余金	138－90
不良資産？	180		
		純資産合計	168－90
資産合計	1,130－90	負債・純資産合計	1,130－90

連結損益計算書

科　目	金　額	科　目	金　額
売 上 原 価	800＋90	売 上 高	1,147
（期首在庫）	(50)		
（当期仕入）	(910)		
（期 末 在 庫）	(▲160－90)		
販 管 費	303	受取利息	1
支 払 利 息	15		
費用合計	1,118＋90		
差引（利益）	30－90	収益合計	1,148

　以上２つの相殺を実行すると，損益計算書は上記右表のようになります。

　これが，連結損益計算書です。

　この程度の知識だけで作成した簡略な連結決算書であっても，ずいぶん債務者の実態把握に役立ちます。

　連結手続が難しいならば，単純合算して分析するだけでも，グループ全体の財務状況をより把握できるようになるでしょう。

　グループ会社が3社，4社と増えていくにしたがって，グループの全体像がわかりにくくなります。

　利益の出ている会社と，損失の出ている会社が混在していると，結局全体として儲かっているのかがよくわかりません。

　連結決算書を作成すると，グループ全体で

- 総資産は全体でいくらか
- 純資産は全体でいくらか
- 不良資産は全体でいくらか
- 経常利益は全体でいくらか

といった金額の概算がわかります。

　それだけでもずいぶん理解が深まるはずです。

　ちなみに，関連会社の決算期がバラバラの状態でグループ全体を計数的に把握することは，金融機関にとってはもとより，経営者自身にとっても非常に困難です。

　関連会社が多い場合には，すべての会社の決算月をできるだけ同じにすることが好ましいと思います。

　子会社を使った意図的な粉飾に対応するため，もう一つ理解すべきことがあります。

　たとえば，A社がグループの外部より10で購入した商品を，すぐにグループ会社であるB社に100で販売していたとします。

　B社は，その商品をそのまま保有しています。

　A社，B社を合わせて1つの会社と考えれば，商品を10で購入し，在庫として持っているだけです。

　しかし，A社の決算書上には90の利益が計上され，B社の決算書上には10の商品が100として計上されているのです。

　このまま，連結貸借対照表と連結損益計算書を作成してもおかしな結果となっています。

　このような場合，連結貸借対照表では商品を90減額し，連結損益計算書では売上原価を90増額する必要があります。

　その結果，連結貸借対照表では純資産合計が90減少し，連結損益計算書では当期純利益が同額減少して，貸借は一致します。

　グループ全体として赤字であることが，連結決算をすることによって明らかになります。

第 4 章

キャッシュフロー 分析の基本

1. 中小企業のキャッシュフロー分析

キャッシュフロー分析は，一般的には難しいとか，とっつきにくいと思われているようです。

たしかに，キャッシュフロー分析だけで1冊以上の本が十分書けるくらい，奥が深い面があります。

解説書の中には，資金繰り表，資金運用表，資金移動表，キャッシュフロー計算書など，いろいろな形式によって，多面的に資金の流れをつかむ方法が説明されています。

上場企業や大企業の場合，どのように調達した資本が，どこに投下され，どの程度の投資効果が得られたかといった情報は，投資家等にとって重要です。

しかし，それらを詳しく把握しようとするのは大変です。

ですから，それらを明らかにするためのキャッシュフロー分析も当然に複雑になっていくため，理解が難しくなってしまいます。

中小企業の場合は事情が異なります。

投資家は同族株主である経営者一族だけ，その他の資金調達は金融機関からの借入だけである場合がほとんどです。

それらの資金が投下されるのも，そのほとんどは本業への運転資金か，それを維持する設備と不動産に対するものだけですし，内容が大きく変化することはほとんどありません。

そもそも資金調達力の低い中小企業が，多額の先行投資をどんどん行い，黒字だけれども資金がまわらなくて倒産するという，いわゆる黒字

倒産になるようなことは，滅多にありません。

　ですから，大企業並みにキャッシュフロー分析をしても，あまり意味がありません。

　中小企業に対するキャッシュフロー分析で大切なのは，**本業でお金がまわっているか**の一点に尽きると思います。

　そうであれば，キャッシュフロー分析はそれほど難しくありません。

2．キャッシュフロー分析からわかること

　キャッシュフロー分析によって本業でお金がまわっているかを把握すると，本来の業績が見えてきます。

　一般的には，儲かると利益が出て資金が増え（借入れが減る），損をすると赤字になって資金が減る（借入れが増える）ことになります。

　中小企業の場合は，利益や赤字は粉飾によって操作されるため，儲かっても利益はあまり増えないし，損をしても赤字にはならないことが珍しくありません。

　決算書上の利益や損失で業績を判断しようと思った場合には，粉飾の可能性を考慮しなくてはなりません。

　ですが，どれだけ決算書を粉飾したとしても，粉飾処理でお金が動くわけではありません。

　儲かれば資金が増えるか借入が減りますし，損をすれば資金が減るか借入が増えます。

　キャッシュフロー分析を行えば，資金が増えているのか減っているのかがわかります。

儲かっているのか，損をしているのかが**推測できる**ということです。仮に決算書が粉飾されていても，そんなこと関係なしに，儲かっているかどうかが推測できるのです。

ですから，キャッシュフロー分析は重要だといえます。

とくに，業績の悪化を粉飾決算で隠している可能性の高い会社に対しては，キャッシュフロー分析が大きな威力を発揮します。

3．キャッシュフロー分析の方法

中小企業に対するキャッシュフロー分析では，本業でお金がまわっているかを確認することが一番大切です。

要は，**会計上の利益ではなく，資金収支上で利益を把握する**ということです。

難しく考えることはありません。

小遣い帳と同じです。

入金から支出を引いて，いくら残ったかを計算するだけです。

基本は，売上高や営業外収益に対する入金から，売上原価や販管費，支払利息等に対する支出を差し引いて，計算します。

資金収支
　　＋売上高に対する今期の入金額
　　−売上原価に対する今期の支出額
　　−販売費及び一般管理費に対する今期の支出額
　　−営業外損益・特別損益に対する今期の入金額および支出額
　　今期の本業における資金収支額

　ただし，それらに関する入金額や支出額は，実務的には集計されていない場合がほとんどです。

　そのため，実務としては決算書を利用して，入金額や支出額を推定することになります。

　実際に計算するためには，2期分の決算書が必要です。

　では，簡単な事例で実際の計算を行ってみましょう。

4．具体的なキャッシュフローの算出方法

　では，次の2期分の決算書をもとに，今期のキャッシュフローを算出してみましょう。

〈P/L項目〉　　　　　　　　　　　　　　（単位：百万円）

	前　期	今　期
売　上　高	90	100
売　上　原　価	60	68
販売費及び一般管理費	23	25
（うち減価償却費）	(3)	(2)
営　業　外　費　用	5	4
当　期　純　利　益	2	3

※引当金の繰入・戻入，固定資産の売却損益，評価損益はない。

〈B/S項目〉　　　　　　　　　　　　　　（単位：百万円）

	前　期	今　期
売　　掛　　金	10	12
受　取　手　形	8	7
棚　卸　資　産	17	25
買　　掛　　金	9	8
支　払　手　形	5	7
未　　払　　金	5	4

① 売上高に対する今期の入金額

　今期の売上高は100百万円ですが，そのすべてが今期に入金されたわけではありません。

　売掛金や受取手形として計上されているものは，まだ未入金です。

　ですから，売上高に対する今期の入金額を算出するためには，今期末に計上されたままの売上債権額を控除する必要があります。

　と同時に，前期末に計上されていた売上債権は，前期の売上高90百万円に含まれており，今期の売上高100百万円には含まれていませんが，今期に入金があったと考えられます。

　ですから，先ほどとは逆で前期末に計上されていた売上債権額は加える必要があります。

　結果として，売上高に関する今期の入金額は，

　売上高に対する今期の入金額

　　＝今期の売上高－今期末の売上債権額＋前期末の売上債権額

　　＝　　100　　－　　(12＋7)　　＋　　(10＋8)

　　＝　99百万円

となります。

② 売上原価に対する今期の支出額

　今期の売上原価は68百万円ですが，そのすべてが今期に支出されたわけではありません。

　買掛金や支払手形として計上されているものは，未払いの状態です。

　ですから，売上原価に対する今期の支出額を算出するためには，今期末に計上されたままの仕入債務額を控除する必要があります。

　と同時に，前期末に計上されていた仕入債権は，前期の売上原価60百万円に対するものであり，今期の売上原価68百万円には含まれていませ

んが，今期に支払いをしたと考えられます。

　ですから，先ほどとは逆で前期末に計上されていた仕入債務額は加える必要があります。

　結果として，売上原価に対する今期の支出額は，

　売上原価に対する今期の支出額

　　＝今期の売上原価－今期末の仕入債務額＋前期末の仕入債務額

　　＝　　　68　　　－　　（8＋7）　　　＋　　　（9＋5）

　　＝　　67百万円

となります。

　しかし，これだけでは不十分です。

　売上原価に対する支出額を算定するには，棚卸資産に対する調整をする必要があります。

　今期末に計上されている棚卸資産については，まだ売上原価になっていませんが，支払いは済んでいる（または仕入債務としてすでに調整済みになっている）ので，今期の支出額として追加する必要があります。

　同様に，前期末に計上されていた棚卸資産については，前期までに支払済み（あるいは前期末の仕入債務としてすでに調整済みになっている）にもかかわらず，今期の売上原価に含まれているため，売上原価に対する今期の支出額を考える際には，減額しておくことが必要です。

　ですから，売上原価に対する今期の支出額は，次のようになります。

　売上原価に対する今期の支出額

$$＝\frac{今 期 の}{売上原価}－\frac{今 期 末 の}{仕入債務額}＋\frac{前 期 末 の}{仕入債務額}＋\frac{今 期 末 の}{棚卸資産額}－\frac{前 期 末 の}{棚卸資産額}$$

　　＝　　68　　－（8＋7）＋（9＋5）＋　　25　　－　　17

　　＝75百万円

③ 販売費及び一般管理費に対する今期の支出について

販売費及び一般管理費に対する今期の支出額を考えるには，今までと同様に，今期に計上されている販売費及び一般管理費に対して，それに関する今期末の未払額を差し引くとともに，前期末の未払額を加える必要があります。

あと，販売費及び一般管理費の中には，もともと支出を伴わないものが含まれています。

主なものは，減価償却費と引当金です。

これらについては，支出されていないため，減額が必要です。

結果として，販売費及び一般管理費に対する今期の支出額は，

販売費及び一般管理費に対する今期の支出額

$$= \frac{\text{今期の販売費}}{\text{及び一般管理費}} - \frac{\text{今期末の}}{\text{未払額}} + \frac{\text{前期末の}}{\text{未払額}} - \frac{\text{減価償却費・}}{\text{引当金繰入額}}$$

$$= \quad 25 \quad - \quad 4 \quad + \quad 5 \quad - \quad 2$$

$$= \quad 24\text{百万円}$$

となります。

④ 営業外損益，特別損益に対する今期の入金額および支出額

営業外損益や特別損益に対する収支を考える際には，計上額に対して何らかの調整が必要かどうか，2つの視点から個別の検討が必要です。

1つめは入出金を伴うかどうかです。

引当金については，先ほどと同様に調整する必要があります。

評価損益についても，入出金を伴わないので調整が必要となります。

固定資産の除却損についても，支出を伴わないので調整が必要です。

結果として，営業外損益，特別損益に対する今期の入金額および支出額は，

営業外損益，特別損益に対する今期の入金額および支出額

　＝今期の営業外損益，特別損益の計上額－引当金計上額（純額）等

　＝4百万円

となります。

　固定資産の売却損益については，あとで説明します。

⑤ 結論および留意点

　以上の結果を集計すると，今期のキャッシュフローはこうなります。

資金収支

売上高に対する今期の入金額	99百万円
売上原価に対する今期の支出額	▲75百万円
販売費及び一般管理費に対する今期の支出額	▲24百万円
営業外損益・特別損益に対する 今期の入金額および支出額	▲4百万円
今期の本業における資金収支額	▲4百万円

　このように計算された金額は，基本的に決算書上の利益に減価償却費を加えた金額（償却前利益といいます）に近い数字となります。

　この場合，決算書上の償却前利益は5百万円（3＋2）ですが，キャッシュフローでみるとマイナス4百万円となっています。

　決算書では儲かってようにみえますが，資金的には持ち出しとなっている状況です。

　もしかすると，4百万円のマイナスから9百万円粉飾して，償却前利益5百万円，当期純利益3百万円の黒字決算にしているかもしれないと思われます。

　赤字体質の会社が粉飾決算をしている場合には，この事例のように決

算書上では黒字となっていても，キャッシュフロー分析の結果が赤字となることがほとんどです。

5．キャッシュフロー分析の留意事項

　キャッシュフロー分析は，粉飾の影響を受けにくいため，中小企業の決算書に対する財務分析では大変威力を発揮する分析手法といえます。

　ただし，次の３つの点に注意する必要があります。

　１つめは，**決算書以上に長期のトレンドで判断する**必要があるという点です。

　入出金のメインとなる売上債権の回収や仕入債務の支払いは，たとえ回収や支払いのサイトが同じでも，決算期末日が週末にあたるかによって，１月分の金額が増減してしまいます。

　それ以外にも，大きな入出金が期末日前後にあるかどうか等で，算出される入出金額が大きく変動してしまいます。

　ですから，２年分の決算書を用いて１年分のキャッシュフローを分析しても，実はほとんど意味をなしません。

　最低でも３年分の決算書を用いて，２年分のキャッシュフロー分析をする必要があると思います。

　できれば，５年分以上の決算書を用いて，４年分以上のキャッシュフローを分析することが望まれます。

　２つめは，**経常的かどうかの判断**です。

　決算書の財務分析において，当期純利益は当然に重要ですが，非経常的な損益項目を差引きする前段階の経常利益も，会社の収益力を判断す

る際には，大変重視されます。

　同様にキャッシュフロー分析においても，経常的な収支を見ることは重要です。

　ですから，とくに特別損益項目を中心として，非経常的に発生する項目は除外して，経常的なキャッシュフローを把握することも怠らないようにしてください。

　ただし，非経常的な科目の判断にもいろいろあります。

①　毎期確実に発生しそう

②　たまには発生しそう

③　そうそう発生しなさそう

に合わせて，①だけで検討すれば，毎期確実なキャッシュフロー，②まで含めて検討すれば，たまにはあり得るキャッシュフロー，③まで合わせれば，結果としてのキャッシュフローが把握できることになります。

　キャッシュフローを把握する目的に合わせて使い分ける必要があります。

　同様に，不可避的に発生した収支か，何らかの決断によってその期に発生させた収支なのかといった区分も，時に大切なことがあります。

6．固定資産に関するキャッシュフローの考え方

　3つめは，固定資産に対するキャッシュフローの考え方です。

　まず，営業外損益や特別損益に計上されている固定資産の売却損益は，そのままキャッシュフローの額ではありません。

　たとえば，簿価100の固定資産を80で売却すると，20の売却損が発生しますが，費用に計上される売却損20は，支出ではなく80の入金をもた

らしますので，キャッシュフロー分析としては入金額80として取り扱う必要があります。

　そのキャッシュフローについてですが，基本的には定期的に発生するものではないし，不可避的に発生するものでもありません。

　したがって，会社の収益力を資金の収支から把握しようというキャッシュフロー分析の目的からして，**固定資産の売却損益は除外して考えてよい**ということになります。

　同様に，**固定資産の取得**についても，直接的には会社の収益力に関係ないので，除外してキャッシュフロー分析をすればよいといえます。

　お金がまわっているかでどうかで会社の収益力を判断するという目的でキャッシュフロー分析を利用するのであれば，固定資産の取得，売却については，原則として無視して考えればよいと思います。

7. キャッシュフロー分析の位置づけ

　会社の収益力は，中小企業の場合であっても決算書から判断するのが基本です。

　ただし，決算書は粉飾されている可能性が高いので，そのような場合には決算書の分析と合わせて，キャッシュフローの分析をすることをお勧めしています。

　なぜなら，**キャッシュフロー分析は，基本的に粉飾操作の影響を受けない**からです。

　儲かっていればキャッシュフローはプラスのトレンドに，逆に損をしていれば決算書が粉飾によって黒字となっていてもキャッシュフローは

マイナスのトレンドになります。

　決算書からでも，棚卸資産や売上債権の回転日数の長期トレンドをみること等によって，ある程度は粉飾の実態が把握できます。

　キャッシュフロー分析は，決算書分析で把握された粉飾の可能性を，キャッシュフローの観点から再チェックするという位置づけで利用するのが効果的だと思います。

　キャッシュフロー分析を，粉飾の可能性を見破るという目的で考えれば，固定資産の取得や売却は分析上無視してもよいでしょう。

　そのほうが，本業でお金がまわっているかの判断がシンプルに行えると思います。

　ただし，定期的，継続的に固定資産への投資が必要な会社については，話が違います。

　そのような会社の場合には，固定資産への定期的な支出が不可避的であるため，固定資産の取得費等は会計上，固定資産として計上されるとしても，キャッシュフロー分析上は，経常的な支出として取り扱うことが必要と思われます。

　たとえば，パチンコ業界を例にとると，通常パチンコホールの経営においては，定期的な新台入替えを行うことが必要です。

　そのため，新台購入前の段階でキャッシュフローが足りていたとしても，新台購入後で足りていなければキャッシュが十分まわっているといえません。

　ですから，新台の購入費は通常の経費と同様に扱ったほうが，キャッシュフロー分析の結果が適切なものになります。

　同様に，ホテル業界の場合で考えると，通常ホテル経営においては，

一定の期間毎にある程度の改装が必要となります。

　ですから，改装のための資金が毎年貯まっていく状態でないといけません。

　このような業界においては，キャッシュフロー分析の結果をとして，改装資金が毎年貯まっていく（借入返済が進んでいく）状態にあるかどうかで，お金がまわっているかの判断をする必要があります。

Column

改善すべきはキャッシュフローか収益力か

　銀行から，業績不振企業に対する経営支援業務をサポートしてもらいたいという依頼を受けることがときどきあります。

　そういった仕事をすると，銀行員とは感覚が違うと感じることが多々あります。

　キャッシュフローに対する考え方もその一つです。

　業績を回復させるには，赤字体質から黒字体質に収益力を改善することが必須条件です。

　収益力のアップが重要で，キャッシュフローの改善は二の次です

　なぜなら黒字体質になれば，そのうちキャッシュフローに反映されてくるからです。

　そもそも会社の設立から清算までで考えれば，収益とキャッシュフローは，基本的に一致しています。

　決算期を1年で区切るから乖離が生じるだけです。

　にもかかわらず，銀行員と話をしていると，キャッシュフローの改善が最優先で，キャッシュフローさえ改善すれば，業績もアップすると考えているようにすら感じます。

　それでは，経営支援という名目で融資金の回収促進を行っているように思えるのですが，そのあたりになると，なかなか感覚が一致しません。

　収益力を改善させるために，一時的にはニューマネーを投入するなど，キャッシュフローの面から支援するのが，銀行本来の役割だと思うのですが。

第5章

粉飾決算を
体験してみよう

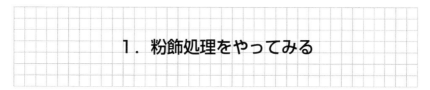

1. 粉飾処理をやってみる

　粉飾処理は違法です。

　ここでは，その違法とされる粉飾処理を実際に体験してもらいたいと思います。

　違法行為を体験することの善悪には，目をつむってください。

　この本は，粉飾決算書にだまされないで，財務分析できるようになることを目的に書かれています。

　たとえ決算書が粉飾されていようと，粉飾の事実がきちんと把握できていれば，その分だけ修正して実態を推測できるので，財務分析としては成功です。

　粉飾されていようと決算書は実態把握に役立ちます。

　ただし，そのためには粉飾処理を見抜く力を有していることが不可欠です。

　粉飾処理を理解するには，実際に行ってみることが一番だと思います。

　何でも実際にやってみるのが，理解への近道です。

　実務として粉飾決算を行うのではないのですから，あくまで勉強のため，粉飾にだまされないようになるためと割り切って，あえて粉飾決算に取り組んでください。

　さて，ここに某建設会社の決算書があります。

　損益計算書上における当期純利益　　　▲16.8百万円

　　貸借対照表上における純資産　　　　　　5.2百万円

　大幅赤字で14.7百万円の欠損金がある状況に陥った会社の決算書です。

　このままの決算内容では公共工事等の受注が難しくなりそうなので，経営存続のためには，何としても黒字決算にする必要があるように思われます。

　あなたが社長なら，どのようにしますか。

貸借対照表
令和×1年3月31日現在

××建設株式会社　　　　　　　　　　　　　　　　　　　（単位：円）

科　目	金　額	科　目	金　額
流　動　資　産	（　48,999,569）	流　動　負　債	（　44,265,120）
現　金　預　金	7,699,790	短　期　借　入　金	39,500,000
完成工事未収入金	2,480,000	前　　受　　金	3,500,000
棚　卸　資　産	20,686,401	未　払　法　人　税　等	139,000
未成工事支出金	14,780,000	預　　り　　金	1,126,120
短　期　貸　付　金	3,353,378		
		固　定　負　債	（　17,217,000）
固　定　資　産	（　17,741,107）	長　期　借　入　金	12,417,000
有形固定資産	（　14,343,965）	役　員　借　入　金	4,800,000
機　械　装　置	4,463,885		
車　両　運　搬　具	9,205,808	負債合計	61,482,120
工　具　器　具　備　品	674,272		
		資　　本　　金	（　20,000,000）
無形固定資産	（　197,142）		
電　話　加　入　権	197,142	欠　　損　　金	（−14,741,444）
		繰越利益剰余金	−14,741,444
投資その他の資産	（　3,200,000）		
保　　証　　金	1,200,000		
保　険　積　立　金	2,000,000		
		純資産合計	5,258,556
資産合計	66,740,676	負債・純資産合計	66,740,676

損益計算書
自：令和×0年 4 月 1 日
至：令和×1年 3 月31日

××建設株式会社　　　　　　　　　　　　　　　　　（単位：円）

科　目	金　額	
売　　上　　高		113,943,980
売　上　原　価		
期　首　棚　卸　高	37,802,401	
仕　　入　　高	30,635,996	
外　　注　　費	55,843,142	
小　計	124,281,539	
期　末　棚　卸　高	35,466,401	88,815,138
（　売　上　総　利　益　）		25,128,842
粗　利　益　率		22.05%
販売費及び一般管理費		
給　与　手　当	15,600,000	
法　定　福　利　費	2,542,333	
福　利　厚　生　費	570,324	
旅　費　交　通　費	185,040	
通　信　費	767,278	
交　際　費	3,901,573	
広　告　宣　伝　費	451,500	
支　払　保　険　料	3,259,435	
地　代　家　賃	5,948,000	
修　繕　費	673,198	
租　税　公　課	1,360,286	
消　耗　品　費	1,651,182	
水　道　光　熱　費	881,773	
雑　費	1,003,740	38,795,662
（　営　業　利　益　）		−13,666,820
営　業　外　収　益		
受　取　利　息	13,502	
雑　収　入	203,475	216,977
営　業　外　費　用		
支　払　利　息　割　引　料	2,033,061	2,033,061
（　経　常　利　益　）		−15,482,904
特　別　損　失		
固　定　資　産　売　却　損	637,972	637,972
（　税　引　前　当　期　純　利　益　）		−16,120,876
（法人税住民税及び事業税）		748,000
（　当　期　純　利　益　）		−16,868,876

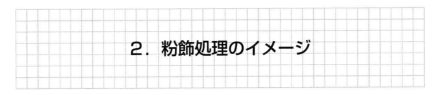

試算表から決算書を作成するという作業を図で示すと次のとおりになります。

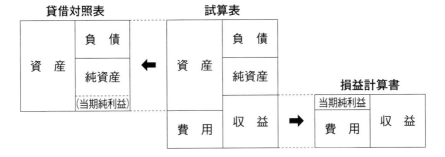

決算書を作成する元資料となる試算表は，すべての取引を仕訳という形式で記録して，科目ごとに集計したものです。

それを上下に分割すると，貸借対照表と損益計算書が完成します。詳しく理解する必要はありません。

試算表を上下に分けると，決算書ができることを理解してください。

そして，上下のそれぞれにおいて，その**差額が当期純利益（差額の逆の場合は当期純損失）となる**ことを，同時に理解してください。

さて，複式簿記は，左右同額で仕訳を行うことがルールとなっています。

こちらも詳しく理解する必要はありません。

試算表は左右で金額が一致していることを理解してください。

これは，左右のバランスが崩れないような方法なら，どう操作しても

決算書ができるということを意味します。

　粉飾処理とは，左右の金額を一致させながら，上下に分けた際に差額を変化させることです。

　粉飾処理の方法は，いくつもあります。

　その中で主なものとしては次の3つがあります。

① 　**資産／費用**

② 　**資産／収益**

③ 　**負債／費用**

　イメージで示すと次のとおりになります。

赤字の試算表と決算処理

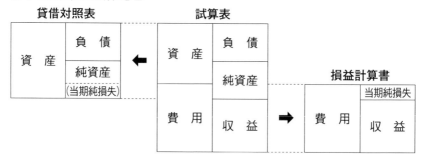

①在庫の水増し等による粉飾の場合

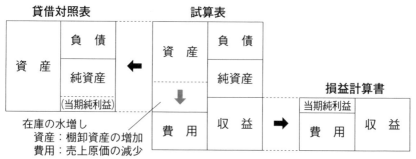

②架空売上等による粉飾の場合

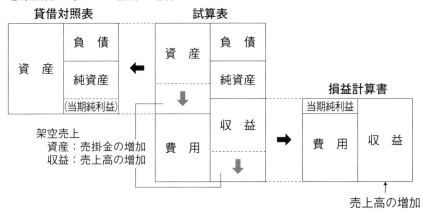

③簿外負債等による粉飾の場合

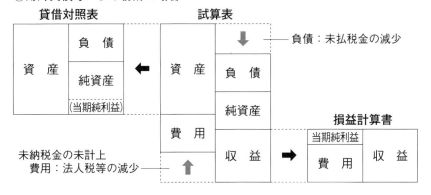

　①は左の資産を増やし，同時に同じく左の費用を減らす方法です。

　左を増やして同額だけ左を減らすので，左右は当然に一致したままです。

　ただし，その分だけ上下に切り分けた際に，差額である利益は増加します。

　具体的には，**在庫の水増し**（棚卸資産という資産を増やして，売上原価という費用を減らす）などがあります。

　②は左の資産を増やして，同時に右側の収益も増やすという方法です。

　左を増やして同額だけ右を増やすので，左右は当然に一致したままです。

　ただし，その分だけ上下に切り分けた際に，差額である利益は増加します。

　具体的には，**架空売上**（売掛金という資産を増やして，売上高という収益を増やす）などがあります。

　③は左の費用を減らして，同時に右の負債の減らすという方法です。

　左を減らして同額だけ右も減らすので，左右は当然に一致したままです。

　ただし，その分だけ上下に切り分けた際に，差額である利益は増加します。

　具体的には，未納税金の未計上（法人税住民税及び事業税という費用を減らして，未払法人税等という負債を減らす）などがあります。

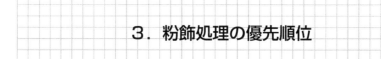

3．粉飾処理の優先順位

　先ほどの事例でも，①から③までの方法を利用して，いろんな粉飾方法が考えられます。

　シンプルに黒字決算を目指すのであれば，赤字額以上の金額で架空売上を計上することで，簡単に黒字の決算書ができあがります。

　ただし，一般的には架空売上といったあからさまな粉飾処理に手を染める前に，できる限り適法な，あるいは適法に近い方法による利益調整

を試みます。

この事例では，たとえば次のように利益を水増ししてみました。

1 交際費の一部取消し

中小企業の場合，交際費の中には，会社が負担すべきものと社長個人が負担すべき性格の強いものとが混在していることが珍しくありません。

この事例では，社長が自分で負担すべき交際費を100万円分だけ認め

貸借対照表（粉飾後）
令和×1年3月31日現在

××建設株式会社　　　　　　　　　　　　　　　　　（単位：円）

科　目	金　額	科　目	金　額
流　動　資　産	（　62,999,569）	流　動　負　債	（　44,265,120）
現　金　預　金	8,699,790	短　期　借　入　金	39,500,000
完成工事未収入金	11,480,000	前　受　金	3,500,000
棚　卸　資　産	24,686,401	未　払　法　人　税　等	139,000
未成工事支出金	14,780,000	預　り　金	1,126,120
短　期　貸　付　金	3,353,378		
		固　定　負　債	（　15,217,000）
固　定　資　産	（　18,741,107）	長　期　借　入　金	12,417,000
有形固定資産	（　14,343,965）	役　員　借　入　金	2,800,000
機　械　装　置	4,463,885		
車　両　運　搬　具	9,205,808	負債合計	59,482,120
工　具　器　具　備　品	674,272		
		資　本　金	（　20,000,000）
無形固定資産	（　197,142）		
電　話　加　入　権	197,142	剰　余　金	（　2,258,556）
		繰越利益剰余金	2,258,556
投資その他の資産	（　4,200,000）		
保　証　金	1,200,000		
保　険　積　立　金	3,000,000		
		純資産合計	22,258,556
資産合計	81,740,676	負債・純資産合計	81,740,676

損益計算書（粉飾後）

自：令和×0年 4 月 1 日
至：令和×1年 3 月31日

××建設株式会社 (単位：円)

科 目	金 額	
売 上 高		122,943,980
売 上 原 価		
期 首 棚 卸 高	37,802,401	
仕 入 高	30,635,996	
外 注 費	55,843,142	
小 計	124,281,539	
期 末 棚 卸 高	39,466,401	84,815,138
（ 売 上 総 利 益 ）		38,128,842
粗 利 益 率		31.01%
販 売 費 及 び 一 般 管 理 費		
給 与 手 当	15,600,000	
法 定 福 利 費	2,542,333	
福 利 厚 生 費	570,324	
旅 費 交 通 費	185,040	
通 信 費	767,278	
交 際 費	2,901,573	
広 告 宣 伝 費	451,500	
支 払 保 険 料	2,259,435	
地 代 家 賃	3,948,000	
修 繕 費	673,198	
租 税 公 課	1,360,286	
消 耗 品 費	1,651,182	
水 道 光 熱 費	881,773	
雑 費	1,003,740	34,795,662
（ 営 業 利 益 ）		3,333,180
営 業 外 収 益		
受 取 利 息	13,502	
雑 収 入	203,475	216,977
営 業 外 費 用		
支 払 利 息 割 引 料	2,033,061	2,033,061
（ 経 常 利 益 ）		1,517,096
特 別 損 失		
固 定 資 産 売 却 損	637,972	637,972
（ 税 引 前 当 期 純 利 益 ）		879,124
（法人税住民税及び事業税等）		748,000
（ 当 期 純 利 益 ）		131,124

て，その分を現金で会社に返すことにしました。

　ですから，損益計算書から交際費が100万円減少して（390万円→290万円），会社の現金が同額増えています（770万円→870万円）。

　この処理によって当期純利益も100万円増加します。

　実際に社長が会社に対して100万円を入れていなくても，このような粉飾処理は処理として可能です。

　ですから，実際には，まだ会社の現金が増えていないかもしれません。

　現金には色がないため，会社の現金か社長の現金か，明確に区別しにくい面があります。

　ただし，この処理を行ったということは，社長が会社に対していずれは現金を100万円分だけ拠出する必要が生じます。

　その拠出が行われるという前提でいえば，この処理は粉飾処理ではないといえるでしょう。

② 過去にさかのぼった地代家賃の改定

　この事例では，社長が会社から地代家賃を年間200万円受け取ることにしていました。

　しかし，会社の利益が出ないと困るため，また自分自身の所得税を減らす効果も考慮して，地代家賃を期首にさかのぼってタダにすることにしました。

　結果として，損益計算書から地代家賃が200万円減少する（595万円→395万円）とともに，その分は未払のまま役員借入金として処理していたため，貸借対照表上からその分の役員借入金が消えることになりました（480万円→280万円）。

　当期純利益も同額だけ増加しました。

　この利益調整方法も，中小企業特有の方法といえるでしょうが，実際に会社の費用が減り，負債も減るため，粉飾処理ではないといえるでしょう。

③ 支払保険料の会計処理変更

　この事例では，社長の万が一の場合に備えて，会社として生命保険に入っていました。

　その支払保険金の会計処理方法は，税法の規定により支払額の半分を費用処理して，残りの半分を保険積立金として資産計上することになっていたため，そのように処理していました。

　しかし，その保険は解約すると積立金以上の解約返戻金が期待できる状況です。そのため，税法の規定どおりではなく，経済実態をより反映できるよう，解約返戻金相当額を保険積立金として資産計上することに，会計処理方針を変更しました。

　この会計処理の変更で，損益計算書では支払保険料が100万円減少し（326万円→226万円），同額だけ貸借対照表上で保険積立金が増加しました（200万円→300万円）。

　その分だけ当期純利益も増えています。

　この処理は，利益調整を意図しているという意味では粉飾に近いのですか，会社の財政状態をより適正にあらわせるように会計処理を変更したという意味では，粉飾とはいいがたいものになっています。

④ 在庫の評価方法変更

　在庫の評価は難しい面があります。

　儲かっている会社にとっては，説明のつく範囲内で極力低く在庫評価したほうが，利益を圧縮できる分だけ法人税等を節約できます。

　この会社では，そのような効果を期待して，今までは在庫の購入や維持管理にかかる経費を少なく見積もって，在庫の金額を算定していました。

　今年度より，それらのコストをできるだけ大きく見積もったうえで，在庫評価を行うことにしました。

　結果として，今までの方法で算定するより，在庫（棚卸資産）の評価金額が400万円増加しました（2,068万円→2,468万円）。

　その分だけ，売上原価も減少したため，当期純利益も同額だけ増加しています。

　この会計処理の変更は，在庫評価の水増しと考えれば粉飾といえますが，在庫の評価をより適切なものに変更したという見方にたつと，粉飾とは言いがたいものといえるでしょう。

⑤ 架空売上

　今までの方法は，いずれも違法な粉飾処理とまではいいがたいものでした。

　しかし，それらを組み合わせても黒字決算になるだけの利益調整ができません。

　手づまりの状況に追い込まれました。

　このような状況になったときに行われるのが，あからさまな粉飾の代名詞ともいえる在庫の水増しや，架空売上の計上です。

　この事例では，今までの方法によって増加させることができた利益額は800万円ですので，赤字額1,690万円を消して10万円の黒字決算にするには，まだ900万円（＝1,690＋10−800）だけ足りません。

　そのため架空売上を900万円計上することで黒字決算を達成することになりました。

在庫をさらに900万円過大計上しても，同じく10万円の黒字決算になります。

しかし，そのような処理を選択すると，粗利益率が33.5％となってしまい，あまりに違和感のある決算書になってしまいます。

そのため，消費税を余分に負担することになってしまうことを承知のうえで，粗利益率が31.0％にしかならない架空売上による粉飾処理を選択したのです。

４．利益調整から粉飾処理へ

利益調整にはいくつもの方法があります。

（その方法や目的によっては，違法な粉飾決算となりますが，本書ではその点について無視をして話を進めます。）

この事例で取り上げた会社の場合でも，５つの方法を組み合わせて利益額の調整を行いました。

赤字幅が小さかったり，赤字の期間が短かかったりで，結果としての累積赤字額が小さければ，利益調整は違法とまでいえない方法で行うことが可能です。

この事例でも800万円までは，違法といえないような方法で利益額を調整できました。

しかし，赤字の累積額が大きくなると，違法な方法でしか利益を調整できなくなります。

そして多くの場合には，在庫の過大計上や架空売上くらいしか，目立たないように利益額を調整する方法は残っていない状況におかれます。

この会社でも，１年で実質1,690万円もの赤字計上となったため，い

きなり粉飾処理を行うことになってしまいましたが，毎年200万円ずつ
9年にわたっての実質赤字であれば，4年目までは粉飾を行うことな
く，適法な利益調整で済んでいたということがいえるでしょう。

　また，その間に役員報酬等を減額すれば，粉飾処理をすることなく9
年間黒字決算を行うこともできます。

　いずれにしても，この事例における利益調整の流れで見ていただいた
ように，業績が悪くなりはじめると役員報酬等を削減する，それでも赤
字であると粉飾を行わざるを得なくなるということを理解いただけたの
ではないでしょうか。

　ですから，中小企業の業績を見る際には，まずは**役員報酬等の推移**を
見るとともに，**在庫や売上債権の回転日数の長期トレンド**に気をつけ
る。

　とくに，役員報酬等の金額水準が落ちてきた会社については，**回転日
数のトレンド**を必ずチェックすることが大切です。

5．粉飾決算に現れやすい長期のトレンド

　今度は粉飾を長期にわたって行ってみましょう。

　事例で用いる会社の決算書は次ページのとおりです。

　初年度は黒字，2年目は赤字，3年目は黒字，4年目からは7年目ま
では連続して赤字，8，9年目は収支トントン，10年目が黒字という決
算内容です。

　業績が悪化して，回復して，再度悪化して，そのまま赤字体質の会社
に陥っていく，現状は収支トントンからやや回復基調というモデルにし

年　度	1	2	3	4	5	6	7	8	9	10
売上高	100	80	100	77	70	74	71	80	82	90
売上原価	70	56	70	54	49	52	50	56	57	63
粗利益	30	24	30	23	21	22	21	24	25	27
（粗利益率）	30.0	30.0	30.0	29.9	30.0	29.7	29.6	30.0	30.5	30.0
その他	27	27	27	26	25	24	23	24	25	24
当期純利益	3	▲3	3	▲3	▲4	▲2	▲2	0	0	3

在庫金額	16	13	16	12	11	12	11	13	13	14
（回転日数）	58.4	59.3	58.4	56.9	57.4	59.2	56.5	59.3	57.9	56.8
売上債権額	32	25	31	24	22	23	22	26	26	28
（回転日数）	116.8	114.1	113.2	113.8	114.7	113.4	113.1	118.6	115.7	113.6

利益計上に必要な調整額等

単年度の要調整額	-	4	▲2	4	5	3	3	1	1	▲2
調整額の累積額	-	4	2	6	11	14	17	18	19	17

てみました。

　今回は，在庫の過大計上と，架空売上だけに方法を限定して，２年目以降を毎期１百万円の黒字となるように粉飾処理を行ってみましょう。

６．回転日数と粗利益率について

　ケース１は，在庫の過大計上だけで，毎期の粉飾処理を行った場合の粉飾決算書です。

　この事例でわかるように，**在庫の過大計上**を行う場合，本来の業績が悪い年度は**在庫の回転日数**が大きくなるとともに，**粗利益率**もよくなります。

【ケース1】 2期目以降は当期純利益が1になるよう，売上原価で調整する
とともに，在庫金額も同額調整する

年　度	1	2	3	4	5	6	7	8	9	10
売上高	100	80	100	77	70	74	71	80	82	90
売上原価	70	52	72	50	44	49	47	55	56	65
粗利益	30	28	28	27	26	25	24	25	26	25
（粗利益率）	30.0	35.0	28.0	35.1	37.1	33.8	33.8	31.3	31.7	27.8
その他	27	27	27	26	25	24	23	24	25	24
当期純利益	3	1	1	1	1	1	1	1	1	1

在庫金額	16	17	18	18	22	26	28	31	32	31
（回転日数）	58.4	77.6	65.7	85.3	114.7	128.2	143.9	141.4	142.4	125.7
売上債権額	32	25	31	24	22	23	22	26	26	28
（回転日数）	116.8	114.1	113.2	113.8	114.7	113.4	113.1	118.6	115.7	113.6

　逆に，業績がよかった年度は，粗利益率が実際より低くなってしまい
ます。

　**業績が悪化の一途をたどるようになると，在庫の回転日数はどんどん
増加していきます**（網かけ部分）。

　粗利益率も高止まりします。

　赤字が収まってくると，在庫の回転日数は高止まりのまま安定し，粗
利益率は実態を示すようになります。

　収益力が回復してくると，今後は在庫の回転日数も減少に転じるとと
もに，粗利益率は実態より低くなります。

　ケース2は，架空売上だけで，毎期の粉飾処理を行った場合の粉飾決
算書です。

　この事例でわかるように，**架空売上**を行う場合，本来の業績が悪い年
度は**売上債権の回転日数**が大きくなるとともに，**粗利益率**もよくなりま
す。

【ケース２】 ２期目以降は当期純利益が１になるよう，売上高で調整すると
ともに，売上債権額も同額調整する

年　度	1	2	3	4	5	6	7	8	9	10
売上高	100	84	98	81	75	77	74	81	83	88
売上原価	70	56	70	54	49	52	50	56	57	63
粗利益	30	28	28	27	26	25	24	25	26	25
（粗利益率）	30.0	33.3	28.6	33.3	34.7	32.5	32.4	30.9	31.3	28.4
その他	27	27	27	26	25	24	23	24	25	24
当期純利益	3	1	1	1	1	1	1	1	1	1

在庫金額	16	13	16	12	11	12	11	13	13	14
（回転日数）	58.4	56.5	59.6	54.1	53.5	56.9	54.3	58.6	57.2	58.1
売上債権額	32	29	33	30	33	37	39	44	45	45
（回転日数）	116.8	126.0	122.9	135.2	160.6	175.4	192.4	198.3	197.9	186.6

　ただし，**売上に対する在庫の回転日数**は減少します。

　逆に，業績がよかった年度は，粗利益率が実際より低くなってしまいます。

　業績が悪化の一途をたどるようになると，売上債権の回転日数はどんどん増加していきます（網かけ部分）。

　粗利益率も高止まりします。

　赤字が収まってくると，回転日数は高止まりのまま安定し，粗利益率は実態を示すようになります。

　収益力が回復してくると，今後は回転日数も減少に転じるとともに，粗利益率は実態より低くなります。

7．粉飾決算書に対する財務分析

　以上のように，粉飾処理を行うと在庫や売上債権の回転日数が変化す

るとともに，粗利益率も変化します。

　一般的に，売上高がアップした年度は業績がよく，減った年は業績が悪いという推測が成り立ちます。

　あわせて，売上高が低いと経営効率が悪く，粗利益率も悪くなってしまうことが多いという推測も成り立ちます。

　ただし，業種によっては利益率の高い仕事に特化することで，売上の低い年ほど粗利益率がよくなる会社もあります。

　それらの推測に加えて，業績に合わせて行われる利益調整の内容まで推測しながら，実際の決算書を何年分も並べて，よく分析をしてみてください。

　実際の業績，および，その業績に対してどのような粉飾処理等が行われたかを推測するのです。

　それこそが，粉飾されている可能性が高い中小企業の決算書に対する，非常に有効な財務分析の方法です。

Column

粉飾の善悪

　以前，セミナーの課題として，担当している融資先の決算書から，私の指定した財務数値を3年分だけ表にまとめて，提出してもらったことがあります。

　セミナー参加者は約30名，各3社分ということで，資料は90社分くらい集まりました。

　その中から私が休憩時間の10分間で20社ほど抽出し，休憩後の講義の中で，その20社の決算書には利益調整されたと思われる形跡があることを解説しました。

　つまり短時間での簡単な分析だけで，2割以上の融資先に対して粉飾の可能性を指摘したことになります。

　セミナー終了後のアンケートで，その指摘には説得力があったというコメントが多かったのでうれしく思いました。

　しかし，自分が担当している融資先から粉飾決算書をもらう，つまり騙されていたということに腹が立つ，というコメントも多かったことに対しては，逆に驚きました。

　利益調整のない決算書が当たり前で，粉飾なんてあり得ない，と銀行員が思っていたことも私には意外でしたが，粉飾はきわめて悪質な犯罪と思っているような表現が多々見受けられたことに対して，これでは現状認識がずれ過ぎていると感じた次第です。

　銀行員の立場で粉飾をとがめても，何もよいことはありません。むしろ融資先との関係を不必要に悪化させるだけです。

　実際の話として，中小企業の決算書が粉飾されるということが珍しくない以上，「まさか粉飾なんてしているはずないですよね」という姿勢ではなく，「どれくらい利益調整をしていますか」と軽い感じで質問できるくらいの関係を目指したほうが，得られるものが大きいと思います。

粉飾決算を見分ける

ためのトレーニング

1. 典型的な粉飾決算のケース

事　例　木製品製造加工業【解答時間の目安：5分】

　次の決算書3期分について，今までに学習したことを思い出しながら，自力で財務分析をしてみてください。

着眼点

➢売上高・当期純利益の推移

➢粉飾処理によって増加傾向にある不良資産のチェック

➢キャッシュフロー分析

① 売上高・当期純利益の推移

　この事例は，比較的よく見られる非常にわかりやすい粉飾事例です。まずは売上高の推移を見てください。

　2年連続で減少しています。

　しかも，減少割合は2年で43%も減少しており，かなりの下げ幅といえます。

　一方で当期純利益は，売上高に比して0.2〜0.3%と低い利益率で，3年連続の黒字決算となっています。

　これだけ見たところで，すでに粉飾の可能性が非常に高いと思えるようになれば，とりあえずの合格です。

　ついでに役員報酬額もみてみると，予想通り減額傾向をしめしています。

　経営者は業績が悪いと感じている可能性が高いといえるでしょう。

貸借対照表

株式会社××加工
(資　産)　　　　　　　　　　　　　　　　　　　　　(単位：千円)

科　目	×1年3月期	×2年3月期	×3年3月期
現金預金	21,979	17,891	16,300
受取手形	4,900	5,780	2,180
売掛金	8,844	10,767	6,415
棚卸資産	63,854	73,052	89,562
短期貸付金	636	636	636
未収金・仮払金	477	648	1,621
流動資産計	100,690	108,774	116,714
建物・構築物	7,006	6,630	5,925
機械装置	5,555	4,776	4,134
工具器具備品	3,063	2,025	1,997
無形固定資産	81	81	81
投資有価証券	15,840	15,840	15,840
長期貸付金	0	394	674
投資その他の資産	1,046	1,179	1,313
固定資産計	32,591	30,925	29,964
資産合計	133,281	139,699	146,678

(負　債)

科　目	×1年3月期	×2年3月期	×3年3月期
支払手形	6,118	5,681	4,888
買掛金	7,946	4,040	8,529
前受金	20	1,000	1,500
短期借入金	41,000	47,000	54,233
未払法人税等	509	199	302
その他流動負債	7,698	5,764	6,968
流動負債計	63,291	63,684	76,420
長期借入金	44,067	50,157	44,334
その他固定負債	11,418	11,008	10,739
固定負債計	55,485	61,165	55,073
負債合計	118,776	124,849	131,493
資本金	10,000	10,000	10,000
利益準備金	1,000	1,000	1,000
積立金	1,700	1,700	1,700
繰越利益剰余金	1,805	2,150	2,485
純資産合計	14,505	14,850	15,185
負債・純資産合計	133,281	139,699	146,678

損益計算書

株式会社××加工 　　　　　　　　　　　　　　　　　　（単位：千円）

科　目	×1年3月期	×2年3月期	×3年3月期
売上高	196,014	149,940	110,809
売上原価	171,452	122,959	86,106
売上総利益	24,562	26,981	24,703
（粗利益率）	12.53%	17.99%	22.29%
販売費及び一般管理費	20,678	22,588	21,385
営業利益	3,884	4,393	3,318
受取利息配当	6	19	4
その他収入	9	434	391
支払利息割引	2,602	3,613	2,865
その他費用	399	524	283
経常利益	898	709	565
特別利益	0	0	14
特別損失	0	83	0
税引前当期純利益	898	626	579
法人税住民税及び事業税	416	281	244
当期純利益	482	345	335

（販売費・一般管理費）

費　目	×1年3月期	×2年3月期	×3年3月期
役員報酬	9,880	9,600	9,000
従業員給与	1,871	2,003	1,940
販売手数料	596	654	721
運送費・保管費	644	544	402
賃借料・リース料	228	1,791	1,582
交際費	868	896	705
減価償却費	1,008	654	535
その他販売費	5,583	6,446	6,500
合　計	20,678	22,588	21,385

（製造原価　明細）

費　目	×1年3月期	×2年3月期	×3年3月期
原材料	32,361	26,410	22,229
労務費	29,966	28,278	17,677
外注加工費	90,706	55,442	36,945
減価償却費	2,521	1,771	1,372
その他経費	15,898	11,058	7,883
当期製造原価	171,452	122,959	86,106

② 不良資産のチェック

　さらに確認を進めるために，貸借対照表上で粉飾処理によって増加傾向にある不良資産がないか，売上債権や棚卸資産を中心にチェックします。

　そうすると在庫が2年連続で増加傾向を示しています。

　回転日数でもチェックしてみましょう。

　売上高に対する在庫の回転日数は，119日分→178日分→295日分と，2年で176日分も増えています。

　回転日数が×1年と同じであったと仮定すると，売上高110.8百万円に対する棚卸資産は36.1百万円。

　それに対して棚卸資産の実際の計上額は89.6百万円であり，53.5百万円も大きくなっています。

　棚卸資産が×1年と同額の63.9百万円であったとしても，25.7百万円の増加です。

　少なくとも25.7百万円程度は，2年間で不良資産が増えたと推定できます。

　それを2年間で割ることで，少なくとも1年当たり12.9百万円程度の粉飾をしていたのではないかという疑いがもたれます。

　ここまでのチェックで，この会社の実態がおおむね浮き彫りになったのではないでしょうか。

　売上高が大幅に減少したことで，大きな赤字になったにもかかわらず，在庫を水増しすることで2年連続の黒字決算を組んだのではないか。

　実質的な赤字額は，決算書上の利益から粉飾額を差し引いたマイナスの12～13百万円程度ではないか。

③ キャッシュフロー分析

その推測をさらにキャッシュフローからも確認するために，キャッシュフロー分析もしてみましょう。

売上に関するキャッシュフロー

（前期）$149.9 - (5.8 + 10.8) + (4.9 + 8.8) = 147.0$百万円

前期の売上高 ― 前期末の売上債権額 ＋ 前々期末の売上債権額

（今期）$110.8 - (2.2 + 6.4) + (5.8 + 10.8) = 118.8$百万円

今期の売上高 ― 今期末の売上債権額 ＋ 前期末の売上債権額

売上原価に関するキャッシュフロー

（前期）$123.0 - (5.7 + 4.0) + (6.1 + 7.9) + 73.1 - 63.9$
$= 136.5$百万円

前期の売上原価 ― 前期末の仕入債務額 ＋ 前々期末の仕入債務額 ＋ 前期末の棚卸資産額 ― 前々期末の棚卸資産額

（今期）$86.1 - (4.9 + 8.5) + (5.7 + 4.0) + 89.6 - 73.1$
$= 98.9$百万円

今期の売上原価 ― 今期末の仕入債務額 ＋ 前期末の仕入債務額 ＋ 今期末の棚卸資産額 ― 前期末の棚卸資産額

販管費に関するキャッシュフロー

（前期）$22.6 - (0.7 + 1.8) = 20.1$百万円

前期の販管費 ― （販管費の減価償却費 ＋ 製造原価の減価償却費）

（今期）$21.4 - (0.5 + 1.4) = 19.5$百万円

今期の販管費 ― （販管費の減価償却費 ＋ 製造原価の減価償却費）

本業による営業利益段階でのキャッシュフロー

（前期）$147.0 - 136.5 - 20.1 = -9.6$百万円

（今期）$118.8 - 98.9 - 19.5 = 0.4$百万円

→ 平均値 $= (-9.6 + 0.4) / 2 = -4.6$百万円

　営業利益段階でのキャッシュフローは，約5百万円のマイナスです。

　主な営業外損益としては，支払利息が3百万円程度ありますので，経常利益段階でのキャッシュフローは約8百万円のマイナスとなります。

　決算では減価償却費を約2百万円計上しているので，それを加えるとマイナス10百万円。

　先ほど推測した赤字額（12〜13百万円程度）と比較的近い数字になっています。

　ここまで分析したところで，今までの推測が確信に近いものとなったといえます。

　このようにポイントを絞ってみれば，中小企業の財務分析は決して難しくないと感じていただけたのではないでしょうか。

　次はもう少し複雑な事例で，さらに分析スキルを磨いてみましょう。

２．税務上の繰越欠損金を意識した粉飾決算のケース

事 例　金属加工業【解答時間の目安：10分】

　今度は，金属加工業を行っている会社の決算書8期分について，今までに学習したことを思い出しながら，自力で財務分析をしてみてください。

着眼点

➤売上高・当期純利益の推移

➤粉飾処理によって増加傾向にある不良資産のチェック

➤キャッシュフロー分析

＊＊金属株式会社

（単位：千円）

		×1年度	×2年度	×3年度	×4年度	×5年度	×6年度	×7年度	×8年度
売上高	a	1,700,314	1,838,850	1,513,363	1,552,134	1,301,130	1,637,670	1,377,324	1,362,537
売上原価	d	1,406,405	1,543,148	1,305,564	1,255,110	1,010,520	1,313,530	1,056,375	1,068,131
売上総利益		293,909	295,702	207,799	297,024	290,610	324,140	320,949	294,406
（粗利益率）		17.3%	16.1%	13.7%	19.1%	22.3%	19.8%	23.3%	21.6%
販売費及び一般管理費	h	228,581	242,110	243,379	256,534	251,289	282,040	259,386	260,581
（うち減価償却）	i	3,230	4,942	3,887	3,555	4,387	4,741	5,473	4,078
（うち交際費）		11,824	12,913	13,050	8,788	7,911	7,469	6,807	4,331
営業利益		65,328	53,592	-35,580	40,490	39,321	42,100	61,563	33,825
営業外収益		23,284	19,468	18,220	13,794	13,124	9,890	18,768	19,827
（うち受取利息）		16,249	11,216	7,330	5,464	3,796	631	452	243
営業外費用		65,472	53,227	48,567	44,685	44,130	42,786	43,569	47,373
（うち支払利息）		56,492	44,885	41,589	37,259	36,186	32,373	35,478	38,240
経常利益		23,140	19,833	-65,927	9,599	8,315	9,204	36,762	6,279
法人税住民税及び事業税		8,656	5,644	325	325	325	325	892	2,779
当期純利益		14,484	14,189	-66,252	9,274	7,990	8,879	35,870	3,500
（当期所得）		28,997	25,610	-60,852	8,013	10,993	12,000	32,550	8,400
（繰越欠損金取崩）		0	0	0	8,013	10,993	12,000	29,846	0
（課税所得）		28,997	25,610	-60,852	0	0	0	2,704	8,400
（繰越欠損金）		0	0	-60,852	-52,839	-41,846	-29,846	0	0

〈営業利益段階のキャッシュフロー〉

		×1年度	×2年度	×3年度	×4年度	×5年度	×6年度	×7年度	×8年度
a-b-c+前b+前c	①		1,791,018	1,677,019	1,510,676	1,279,016	1,550,528	1,306,976	1,434,655
d-e-f+前e+前f+g-前g	②		1,595,305	1,408,153	1,231,849	1,057,008	1,357,028	1,119,035	1,234,334
h-i-j+前j	③		290,721	242,791	252,201	286,862	205,449	304,931	222,846
①-②-③			-95,008	26,075	26,626	-64,854	-11,949	-116,990	-22,525

科目									
現金預金		48.684	120.211	137.041	112.857	234.061	233.208	275.143	252.959
受取手形	b	89.691	112.977	95.474	90.999	82.563	95.667	105.444	99.583
売掛金	c	357.411	406.243	353.398	270.731	257.053	202.491	356.370	314.399
棚卸資産	g	784.241	694.162	621.746	574.032	570.274	565.236	482.871	389.751
その他流動資産		86.988	121.915	126.984	131.668	112.690	104.799	83.927	82.479
流動資産合計		1,367,015	1,455,508	1,334,643	1,180,287	1,256,641	1,201,401	1,303,755	1,139,171
建物		27.626	31.388	32.663	34.093	35.700	37.505	39.534	41.818
機械装置		235.066	228.106	209.574	191.541	153.573	144.194	164.598	172.090
工具器具備品		1.018	1.159	1.335	1.153	899	938	1.065	1.372
土地		53.000	53.000	53.000	53.000	53.000	53.000	53.000	53.000
その他固定資産		14.998	16.032	11.991	10.426	9.741	8.751	8.302	4.559
固定資産合計		331,708	329,685	308.563	290.213	252.913	244.388	266.499	272.839
資産合計		1,698,723	1,785,193	1,643,206	1,470,500	1,509,554	1,445,789	1,570,254	1,412,010
支払手形	e	60.624	75.874	123.845	112.158	160.249	116.282	213.356	161.068
買掛金	f	127.762	188.636	130.909	138.380	133.019	148.687	71.837	83.162
短期借入金		883.162	988.780	847.291	734.865	788.601	759.941	741.387	590.557
未払金	j	127.369	93.712	144.730	72.880	112.840	112.062	115.361	168.914
その他流動負債		43.832	45.283	44.639	41.303	41.996	40.138	44.842	42.830
流動負債合計		1,242,749	1,392,285	1,291,414	1,099,586	1,236,705	1,177,110	1,186,783	1,046,531
長期借入金		171.598	119.814	111.866	139.454	50.315	57.559	104.331	97.764
その他固定負債		39.969	32.187	34.889	35.302	34.366	32.226	33.994	36.758
固定負債合計		211,567	152.001	146.755	174.756	84.681	89.785	138.325	134.522
負債合計		1,454,316	1,544,286	1,438,169	1,274,342	1,321,386	1,266,895	1,325,108	1,181,053
資本金		16.500	16.500	16.500	16.500	16.500	16.500	16.500	16.500
利益剰余金		227.907	224.407	188.537	179.658	171.668	162.394	228.646	214.457
純資産合計		244.407	240.907	205.037	196.158	188.168	178.894	245.146	230.957
負債・純資産合計		1,698,723	1,785,193	1,643,206	1,470,500	1,509,554	1,445,789	1,570,254	1,412,010

① 損益計算書の分析

まずは損益計算書を見てみましょう。

売上は×2年をピークに大きく下落傾向を示しています。

×3年以降は，基本的に厳しい状況であった可能性が高いことが予想されます。

では，当期純利益はどうでしょう。

×3年に大きな赤字を計上したものの，×4年からは利益計上が続いています。

とくに×7年においては売上高当期純利益率も2.6％となるほど，比較的多額の利益計上となっています。

×4年以降は黒字体質に回復したと判断してよいのでしょうか。

今まで学習したことを思い出してください。

×7年を除くと，×4年以降の当期純利益は，売上高当期純利益率が0.7％以下と非常に低い水準となっています。

×7年についても，売上高当期純利益率は2.6％と低くないものの，利益に対して法人税等がほとんど発生していません。

疑うに値する利益といえます。

×3年の決算で大きな赤字が計上されているため，税務上の繰越欠損金もおおむね同額，つまり多額に計上されています。

繰越欠損金から得られる節税効果をフルに享受するためには，その繰越欠損金が使える期間中にすべて使い切れるよう，相当額の黒字決算を行わなければなりません。

この場合でも，×3年の繰越欠損金を無駄にしないよう，×4年以降は何らかの利益調整によって相当額の利益計上を行った可能性を疑う必要があります。

2 利益調整の金額の把握

では，利益調整はどれほどの金額で行われたのでしょうか。

貸借対照表上で，売上債権や棚卸資産が異常な増加傾向を示していないか，長期のトレンドから判断しましょう。

売上高は×2年をピークに大きく下落しているので，売上債権や棚卸資産も×2年前後をピークに大きく下落するのが，一般的な増減パターンであるといえます。

しかし，実際には売上債権は若干の増加傾向している程度ですが，棚卸資産については×3年以降も著しい増加傾向を続けています。

棚卸資産の増減が，きわめて怪しい感じです。

棚卸資産は，×2年から6年間で3億円以上も増加しています。

回転日数でも検討してみましょう。

×2年における売上高に対する棚卸資産の回転日数は

$$\frac{483百万円}{1,839百万円 \div 365日} = 95.9日$$

となりますが，×8年においては

$$\frac{784百万円}{1,363百万円 \div 365日} = 209.9日$$

と異常に増加しています。

この回転日数が×8年においても×2年と同じであったとすると，×8年の売上高が1,363百万円ですので，1日あたりの売上高は3.7百万円（1,363百万円÷365日），棚卸資産はこの95.9日分として355百万円（3.7百万円×95.9日分）となります。

その金額と比較すると，実際に計上されている棚卸資産は429百万円（784百万円−355百万円）ほど過大ではないかと推測されます。

単なる増加額で見ても，回転日数から推測される棚卸資産の額からし

ても，×8年の棚卸資産は明らかに異常な増加をしています。

　回転日数から推測した額を，正しい棚卸資産の金額であると仮定すると，実際の計上額は約6年間で429百万円過大計上されたと推測されます。

　つまり平均すると毎年71百万円の粉飾を6年間にわたって継続してきたのではないかという分析結果になります。

　決算書上で計上された×3年から×8年の6年間における当期純利益の平均値は，

　　（-66＋9＋8＋9＋36＋4）百万円÷6年＝0百万円

となっています。

　したがって，粉飾処理が行われない状態における実際の利益については，

　　　　▲71百万円（0百万円-71百万円）

が，この6年間における平均値であったのではないかと推測されます。

③ キャッシュフロー分析

　粉飾の可能性がきわめて高いと思われるため，キャッシュフロー分析も行っておきましょう。

　前に説明済みの計算式で求められるキャッシュフローの金額は，損益計算書の下で計算されていますので，今回はそれを利用しましょう。

　まず，もともと変動しやすいキャッシュフローについては，できるだけ長期のトレンドで判断する必要があったことを思い出してください。

　この事例でも計算されたキャッシュフローは毎期大きく変動しています。

　長期のトレンドで判断することが不可欠であることがよく理解できると思います。

　この事例では，×3年以降の6年間で429百万円程度の粉飾処理を行ってきたのではないかという推測をもとに，キャッシュフローの分析をはじめました。

　ですから，キャッシュフローについても，×3年以降の6年間における平均値を把握するのがよいと思います。

　×2年以降の7年間に作成された7期分の決算書から，営業利益段階での6期分のキャッシュフローが計算されています。

　×3年から×8年の6年分の平均値は

　　$(26+27-65-12-117-23)$ 百万円 ÷ 6年分 ＝▲27百万円

となります。

　つまり，この6年間において営業利益段階でのキャッシュフローは平均すると毎期27百万円のマイナスとなっていたのです。

　6年間における営業外損益の平均値は，

　　営業外収益 $(18+14+13+10+19+20)$ 百万円 ÷ 6年分

　　－営業外費用 $(49+45+44+43+44+47)$ 百万円 ÷ 6年分

　　＝▲30百万円

となりますので，最終利益段階でのキャッシュフローは，▲57百万円（▲27＋▲30百万円）程度と推測されます。

　これに同じく減価償却費の計上額の平均値（4＋4＋4＋5＋5＋4）百万円 ÷ 6年分の4百万円を加味すると，▲61百万円（▲57＋▲4）です。

　先ほど分析した粉飾を除いて考えた利益の予測額▲71百万円と，たった今計算したマイナス額は，おおむね近い数値となっています。

　これらの結果として，この会社は最近6年間，ずっと金額にして平均61〜71百万円程度の赤字体質であったと推測できます。

④ なぜ赤字決算にしたのか

　この会社は赤字になると粉飾を行うことがわかったかと思いますが，ではなぜ，×３年は赤字決算にしたのでしょう。

　おそらく，×３年の段階では業績が悪い，あるいは今後ますます悪くなるという認識がなかったのではないかと思われます。

　そのような認識があったのであれば，それ以降の決算と同じように粉飾をして，黒字決算にしていた可能性が高いと考えられるからです。

　強気の気持ちのままで赤字決算にしたということは，×１年や×２年の頃は当然に業績は悪くないと考えていたのでしょう。

　ということは，その頃には粉飾は行われていなかったか，ほとんど行われていなかったと想定されます。

　と同時に，そのころの回転日数は実際の回転日数に近いと推測されます。

　決算書を長期間分並べて分析をすると，赤字決算を計上した時期を見つけることがあると思います。

　粉飾をして黒字決算を継続するような会社が，以前に赤字決算を行っている場合には，なぜ赤字決算にしたかを考えることも大切です。

　この事例のように，貴重な追加情報が得られると思います。

⑤ 直前３期分の決算書しか見なかった場合

　さて，この事例で直前３期分の決算書しか見ないで財務分析をすると，どうなってしまうでしょうか。

　見ているのは，先ほどと同じ決算書です。

　利益は３年連続の黒字計上，とくに×７期は大きな利益計上となって

＊＊金属株式会社　　　　　　　　　　　　　　　　（単位：千円）

	×6年度	×7年度	×8年度
売上高	1,637,670	1,377,324	1,362,537
売上原価	1,313,530	1,056,375	1,068,131
売上総利益	324,140	320,949	294,406
（粗利益率）	19.8%	23.3%	21.6%
販売費及び一般管理費	282,040	259,386	260,581
（うち減価償却）	4,741	5,473	4,078
（うち交際費）	7,469	6,807	4,331
営 業 利 益	42,100	61,563	33,825
営業外収益	9,890	18,768	19,827
（うち受取利息）	631	452	243
営業外費用	42,786	43,569	47,373
（うち支払利息）	32,373	35,478	38,240
経 常 利 益	9,204	36,762	6,279
法人税住民税及び事業税	325	892	2,779
当期純利益	8,879	35,870	3,500

現金預金	137,041	120,211	48,684
受取手形	95,474	112,977	89,691
売掛金	353,398	406,243	357,411
棚卸資産	621,746	694,162	784,241
その他流動資産	126,984	121,915	86,988
流動資産合計	1,334,643	1,455,508	1,367,015
建物	32,663	31,388	27,626
機械装置	209,574	228,106	235,066
工具器具備品	1,335	1,159	1,018
土地	53,000	53,000	53,000
その他固定資産	11,991	16,032	14,998
固定資産合計	308,563	329,685	331,708
資 産 合 計	1,643,206	1,785,193	1,698,723
支払手形	123,845	75,874	60,624
買掛金	130,909	188,636	127,762
短期借入金	847,291	988,780	883,162
未払金	144,730	93,712	127,369
その他流動負債	44,639	45,283	43,832
流動負債合計	1,291,414	1,392,285	1,242,749
長期借入金	111,866	119,814	171,598
その他固定負債	34,889	32,187	39,969
固定負債合計	146,755	152,001	211,567
負 債 合 計	1,438,169	1,544,286	1,454,316
資本金	16,500	16,500	16,500
利益剰余金	188,537	224,407	227,907
純 資 産 合 計	205,037	240,907	244,407
負債・純資産合計	1,643,206	1,785,193	1,698,723

います。

　売上高は，×6年から×7年にかけて下落しましたが，×7年から×8年にかけては下げ止まりました。

「×7年は利益率の低い仕事を断わったので，売上こそ下落したものの最終の利益は逆に大きくなった」

　このように説明されると，もっともらしく感じられ，信用できる説明のような気がしてきます。

　×6年から×8年にかけては，たしかに棚卸資産が増えていますが，先ほどよりは異常な感じが少なくなっていると思います。

　粉飾をしているかきちんと確認するまでもないのでは，と考えてしまう人も少なくないことでしょう。

　このような分析によって粉飾に気がつかないで，黒字体質の会社と判断してしまう可能性は否定できません。

　売上高の水準からみて棚卸資産の金額が大きすぎるような気がするという点に着目できれば，粉飾に気がつくかもしれません。

　しかし，その程度のキッカケでしか粉飾を見破ることが困難な状況です。

　ですから，中小企業の財務分析は，とくに売上高に対する売上債権や棚卸資産の比率が高くて粉飾の可能性が少なくないと思われるような場合には，できるだけ長期間にわたって決算書を分析することが大切といえます。

３．建設業における粉飾決算のケース

事　例　**土木建設業【解答時間の目安：５分】**

今度は，２期分の決算書から一部抜粋したものです。

今までより少し応用力が必要な事例ですが，５分くらいの時間をかけ

株式会社××建設工業

損益計算書
（単位：百万円）

	前期	当期
売上高	351	389
役員報酬	16	16
その他の費用等	319	367
経常利益	16	6
前期修正損	0	20
税引前当期純利益	16	−14
法人税住民税及び事業税	7	1
当期純利益	9	▲15

貸借対照表
（単位：百万円）

	前期	当期		前期	当期
完成工事未収入金	54	37	工事未払金	35	42
未成工事支出金	80	110	前受金	15	8
建物	30	28	借入金	167	192
土地	89	89	その他負債	53	57
その他資産	35	38	負債合計	270	299
			純資産	18	3
総資産	288	302	負債・純資産合計	288	302

※土地は含み損35百万円がある。

未成工事支出金の明細
（単位：百万円）

A現場	40
B現場	32
C現場	29
その他現場	9
合　計	110

工事未払金の明細
（単位：百万円）

A現場	25
B現場	13
C現場	0
その他現場	4
合　計	42

て財務分析をしてみてください。

➤特別損失の科目に注目
➤粉飾処理によって増加傾向にある不良資産（完成工事未収入金・未成
　工事支出金）のチェック

① 事例企業の概要

　この事例は，当該会社と取引をしているメイン銀行から，財務分析の
依頼を受けた案件をもとにしています。

　話によると，この会社の社長は非常に強気の発言をされるタイプの社
長らしく，それに乗せられてか，他の金融機関から低金利の融資の提案
が次々にきている状況とのことでした。

　実際にも，決算書の内訳明細書に今まで取引のなかった金融機関の名
前が複数あがっていました。

　売上高は大きく増加しています。

　前期は比較的大きな利益を計上し，法人税等も相当額発生していま
す。

　役員報酬も16百万円と決して少なくありません。

　土地の含み損を加味すると実質債務超過といえますが，それでも売上
高389百万円に対して実質債務超過額は32百万円（＝純資産3－土地の
含み損35）ですので，十分に挽回できそうな金額です。

　一見すると本当に儲かっているように見える決算内容になっていま
す。

　一方で，今年度は20百万円もの特別損失を計上し，赤字決算となって
います。

　前期の状況が状況だけに，今期の赤字も将来の黒字計上を想定した強気の赤字決算に思えてきます。

② 特別損失に注目する

　ところで，ここで特別損失の科目が「前期修正損」となっていることに注目してください。

　何かおかしいと思いませんか。

　前期の決算において，費用に計上するべきものを忘れていたために今期計上されるものが前期修正損です。

　前期は多額の利益計上によって，多額の法人税等を納付しなければならなかった年度です。

　そんな年度に納税を減らすことが可能な費用計上を忘れることなど，本当にあり得るでしょうか。

　つまり，前期の大幅黒字と，今期の大幅赤字という組み合わせに対して，何らかの意図が隠されていると思われるのです。

　具体的にいうと，前期の決算は金融機関等に対する印象がよくなるよう，法人税等を多額に納付することをしてまで，あえて多額の利益計上を行っているように感じられるのです。

　であるとすると，相当額の納税を伴う多額の利益計上は，一般的には本当に業績のよい会社だけに見られることなのですが，今回の場合は業種も土木建築業という派手な支出が珍しくない業界だけに，財務分析を注意深く継続する必要がありそうです。

　粉飾の可能性をきちんと確認しておいたほうがよいという意味です。

③ 売上債権（未成工事未収入金），未成工事支出金

　今期末における売上債権（完成工事未収入金）の金額は，売上高に対して比較的少ないものとなっています。

　粉飾処理の可能性は低そうです。

　一方で，土木建設業界の棚卸資産ともいえる未成工事支出金については，直感的にかなり多額であるように感じられます。

　粉飾の可能性をチェックする必要がありそうです。

　では，未成工事支出金について売上高に対する回転日数を計算してみましょう。

$$（前期）\quad \frac{80百万円}{351百万円 \div 365日} = 83.2日$$

$$（当期）\quad \frac{110百万円}{389百万円 \div 365日} = 103.2日$$

　前期から比べると，回転日数は20.0日（＝103.2日－83.2日）ほど増加しています。

　粉飾の可能性がありそうです。

④ 土木建築業界の留意点

　ところで，土木建設業界の場合には，財務分析上で特別な配慮が必要です。

　土木建設業では，一つひとつの受注が多額であることが多いため，その分だけ売上債権や未成工事支出金も，普段から大きく増減をする傾向にあります。

　ですから，売上債権や棚卸資産（未成工事支出金）の増加傾向というトレンドが把握しづらい面があります。

　偶然が続いて，増加傾向となる可能性も考えられます。

　また，仮に粉飾を行ったとしても，内訳明細書が比較的ごまかしやすいという問題もあります。

　通常の業種なら，粉飾をすると内訳明細書にも売上債権や在庫を過大に記載しないといけないため，その点で粉飾を行いにくくしています。

　しかし，決算書が作成されるのは，通常なら決算期末日から数えて2〜3カ月くらい後です。

　決算書を手にして財務分析が行われるのも，決算期末日から数カ月後ということになります。

　土木建設業の場合，決算期末日にはなかったとしても，その数カ月間で実際に動いた受注内容をもとに内訳明細書を作成されると，それ自体がもっともらしい内訳明細書となるため，粉飾処理の発見が難しくなります。

　土木建設業の場合には，次の3点に気をつけて財務分析をするとよいでしょう。

(1)　より長期間のトレンドで判断する。

　土木建設業の場合には，一つひとつの受注が多額であることから，売上債権や未成工事支出金も，普段から大きく増減をする傾向にあります。

　ですから，それらが増加傾向を示していることをより的確に把握するには，できるだけ長期のトレンドを見ることが大切です。

(2)　対応する未払債務や前受金と合わせて判断する

　通常は未回収の売上債権が増えれば，未払いの債務も増えるでしょうし，在庫である未成工事支出金が増えれば，それに対応する前受金等も

増えるはずです。

　それらが対応して増加していれば，売上債権や在庫の増加は一過性の増加と判断しても問題ないと思われます。

　逆に，対応する未払金や前受金等が増加していない場合には，粉飾の可能性を疑う必要が高いといえます。

　この事例でも，未成工事支出金は大きく増加しているにもかかわらず，工事未払金は少ししか増加していませんし，前受金にいたっては前期から計上額は大きくありませんし，しかも今期は前期より減少してい

Column

粉飾を見抜くために

　財務分析や粉飾決算に関する書籍はたくさんあると思います。

　しかし，その多くは有名企業や，破綻した上場企業の事例等を用いており，中小企業の財務分析には十分役に立ちません。

　一番よい勉強になるのは，実は融資先の中で倒産した会社の決算書を改めて分析することだと思います。

　あるいは担当先の決算書を，自分の手を使って電卓を叩きながら分析して，その結果について社長と話をする中で，磨かれていくものだと思います。

　コンピュータから打ち出された分析結果を見ていても，能力はあまりアップしないでしょう。

　銀行から個別企業の財務分析を依頼される際，見せていただける資料には必ずといっていいほど金融機関で用いているシステムからアウトプットされた資料があるのですが，実のところ私はその資料をほとんど見ていません。

　原本である決算書，内訳明細書，税務申告書だけをみて分析しているに近い状況です。

　そのほうが早いし，楽だし，それだけを見れば十分だと感じるからです。

　私がセミナーの講師を依頼される場合でも，できるだけ当該金融機関で問題となっている融資先の決算書等を拝借して，それを研修材料に用いるようにしています。

ます。

(3)　計上時期が早過ぎないかという視点で判断する

売上債権にしても，在庫である未成工事支出金にしても，粉飾される場合には決算期末日にないものが内訳明細書に計上されるのですが，残念ながら，財務分析時点では実在しているケースがほとんどだと思います。

ですから実在するかどうかではなく，決算期末日に計上してよいものであったかどうかという視点でチェックすることが必要です。

⑤ 不安定な財務内容

今回の事例では，未成工事支出金がもともと多額であり，今期さらに増額となっています。

未成工事支出金の内訳明細書で見ると，今期末における大きな金額は，A〜C現場に対するものであることがわかります。

そのうちC現場に対応する工事未払金だけは，工事未払金の内訳明細書には見あたりません。

非常に不自然です。

そのあたりから，このC現場に対する未成工事支出金は，決算期末日にはほとんどなかったのではないかと疑って分析することが妥当と思われます。

C現場はおそらく受注金額も大きく，決算日から3カ月後には実際の現場でも工事は随分と進んでいるけれども，決算期末日には現場はまったくといっていいほど動いていなかった，そして，このC現場に対する未成工事支出金が，おそらく粉飾されている金額に近いのではないかと推測するのです。

　C現場に関する未払金が未計上であり，その分だけ経費が過小になっているという判断をしても，おおむね正しい財務分析になると思います。

　しかし，本来はC現場に対する未成工事支出金が，粉飾による過大計上額と判断して財務分析をすることが，より正しい考え方だといえます。

　実務的には，受注工事一覧表等を入手しC現場の受注内容等をチェックすることでと，C現場は決算期末日現在でほとんど動いていなかったことがわかりました。

　そうであるとすると，この会社は内訳明細書に計上されているC現場の29百万円だけ不良資産を計上して粉飾されていたことになります。

　その分だけマイナスすると，実際には債務超過ということになります。

　土地の含み損35百万円に加えて，以上の粉飾額29百万円もマイナスすれば，実質債務超過額は▲61百万円（＝3－35－29百万円）と多額なものになります。

　先行き不安な財務内容だと判断できます。

　この会社に対して，他の金融機関が融資の攻勢に出ているのであれば，メイン取引を他の金融機関に譲ってもよいのではないでしょうか。

第 **7** 章

金融機関における
財務分析業務

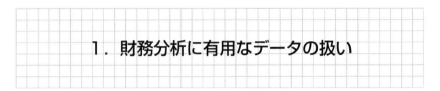

1．財務分析に有用なデータの扱い

　中小企業をメインの融資対象としている地方銀行や信用金庫などの地域金融機関にとって，中小企業に対する目利き力や財務分析力のアップは，これからの重要な経営課題のひとつといえるでしょう。

　しかしながら，現状では多くの問題点を抱えているように思われますので，この章では，それらについての解決方法に関する提案等を行います。

　各金融機関が，それぞれの創意工夫によって有効な対策を検討する際の参考になれば幸いです。

　ほとんどの金融機関では，おそらく本書で説明してきたような財務分析方法を採用していませんし，分析に必要不可欠である役員報酬等のデータ整備も行っていないと思われます。

　もっともっと，法人と個人を一体として，**資産内容だけでなく収益力についても一体判断できるように**，財務分析を行うことが大切だと思います。

　まずは，そのような財務分析に必要なデータを，効率よく収集することが必要ではないでしょうか。

　充実させる必要があると思われるデータには，たとえば次のようなものがあります。

⑴　**株主構成**

多くの金融機関では，会社の基本データベースに株主構成が登録され

ていません。

　中小企業の場合，会社の代表権は社長にあるとしても，実権は株式の過半数を有する株主グループが有しているのが普通です。

　そして，その株主グループが得をするように，会社経営を行う傾向にあります。

　中小企業を相手にすることは，社長を相手にしつつ，実は大株主を相手にすることといってもよいでしょう。

　一般的には社長が大株主であることが多いので，実務上は問題になりにくいだけです。

　しかし，必ずしもそうなっているとはいえないため，株主構成は最初にきちんと把握しておくことが必要です。

　大株主でもある社長と，実権の弱い雇われ社長とでは，当然に各種の判断が異なるはずです。

　また，株式が細かく分散されているような会社は，一族の経営権争いによって，経営が不安定になる可能性があります。

　このような会社に対しては，普段から経営権の関係で注意を要する会社という認識をもって接する必要があると思います。

　株主構成については，もっと重きを置いて扱ったほうがよいでしょう。

　主な株主構成は，法人税申告書の2枚目にある別表2に記載されています。

　法人税申告書を見たら，まずは別表2を見るように心がけておくとよいでしょう。

別表二　令三・四・一以後終了事業年度又は連結事業年度分

同族会社等の判定に関する明細書

事業年度又は連結事業年度	3 ・ 4 ・ 1　4 ・ 3 ・ 31	法人名	株式会社　財務分析

同族会社の判定					特定同族会社の判定			
期末現在の発行済株式の総数又は出資の総額	1	内	200		�21の上位1順位の株式数又は出資の金額	11		
⑲と㉑の上位3順位の株式数又は出資の金額	2		200		株式数等による判定　(11)/(1)	12	0.0	%
株式数等による判定　(2)/(1)	3		100.0	%	㉒の上位1順位の議決権の数	13		
期末現在の議決権の総数	4	内			議決権の数による判定　(13)/(4)	14		%
⑳と㉒の上位3順位の議決権の数	5		200		㉑の社員の1人及びその同族関係者の合計人数のうち最も多い数	15		
議決権の数による判定　(5)/(4)	6			%	社員の数による判定　(15)/(7)	16		%
期末現在の社員の総数	7				特定同族会社の判定割合　(⑫、⑭又は⑯のうち最も高い割合)	17	0.0	
社員の3人以下及びこれらの同族関係者の合計人数のうち最も多い数	8				判定結果	18	特定同族会社　⃝同族会社⃝　非同族会社	
社員の数による判定　(8)/(7)	9			%				
同族会社の判定割合　((3)、(6)又は(9)のうち最も高い割合)	10		100.0					

判定基準となる株主等の株式数等の明細

順位		判定基準となる株主(社員)及び同族関係者		判定基準となる株主等との続柄	株式数又は出資の金額等			
					被支配会社でない法人株主等		その他の株主等	
株式数等	議決権数	住所又は所在地	氏名又は法人名		株式数又は出資の金額 19	議決権の数 20	株式数又は出資の金額 21	議決権の数 22
1	1	東京都千代田区	財務太郎	本　人	160	160		
1	1	〃	財務花子	配偶者	40	40		

(2)　税務上の繰越欠損金

　税務上の繰越欠損金が多額に残っている会社が計上する利益と，そうでない会社の利益では，意味合いが大きく異なります。

　繰越欠損金が多額に残っている会社が計上する利益は，繰越欠損金を節税のために有効利用しようという意図で利益計上している可能性が高いため，粉飾によって利益が作られている可能性も高く，収益力としては当てにならない可能性が高いといえます。

　ただし，税務上の繰越欠損金が多額に残っていれば，その間に獲得した利益に対しては課税されないため，それを借入の返済等に回すことが可能です。

　金融機関における財務分析は，企業の返済能力を把握することが重要であるため，その観点で考えるならば税務上の繰越欠損金を有しているということは，プラス要因として非常に評価できるポイントになるはずです。

　税務上の繰越欠損金は，法人税申告書の表紙である別表1に金額が記載されています（39ページ参照）。

　法人税申告書を受け取ったら，最初に税務上の繰越欠損金に目を向けるとよいでしょう。

　法人税申告書の別表7まで見れば，欠損金の発生年度まで把握できますので，税務上の繰越欠損金があと何年使えるのかまで確認できます。

　法人税申告書の別表7は，ぜひ確認したい別表のひとつです。

　それとともに財務分析に非常に役立つ情報ですので，できればシステムに入力して，決算書と一緒にいつでも取り出せるようにしておくことが望まれます。

　税務上の繰越欠損金だけでなく，課税所得を毎期把握する項目として位置づけるとともに，それがマイナスとなった場合が繰越欠損金という

扱いにするのが，より理想的だと思います。

(3)　役員報酬額

役員報酬額は，本書においては分析対象の中心的なものでした。

しかしながら，多くの金融機関では，その金額について把握していません。

把握していたにしても，せいぜい役員報酬の総額だけを把握している程度だと思います。

そうではなく，具体的に経営者一族がそれぞれいくらの役員報酬をとっているのかを把握していただきたく思います。

役員報酬額については，法人税申告書に添付する内訳明細書の必須項目となっています。

ですから，内訳明細書をすべて取り寄せれば，役員一人ひとりの報酬金額は簡単に把握できるデータといえます。

役員報酬については，きちんと把握するとともに，できればシステムにデータ入力することで，時系列データをすぐに把握できるようシステム対応することが望まれます。

(4)　経営者一族に対する地代家賃等

(3)と同様に，経営者一族に対する地代家賃等は，分析対象の中心的なものです。

誰に対していくら支払っているかを，できればシステム対応によって簡単に時系列データを把握できるようにすることが望まれます。

ちなみに，地代家賃も法人税申告書に添付する内訳明細書の必須項目です。

2. システム対応と手作業対応

　金融機関における財務分析は，自己査定のために行われている要素が強いように思います。

　それはそれとして，財務分析は融資判断にとって大切な業務であるため，自己査定を離れた部分にも積極的に対応する必要があります。
まずは，財務分析の質についてメリハリをもっとつける必要があるように思います。

　比較的重要でない融資先に対する財務分析については，システム対応等によって，もっと効率化すべきでしょう。

　そのためには，先ほど述べたような項目もデータベースに加えるとともに，より便利なように売上債権や在庫の回転日数についても，簡単に長期の時系列が把握できるようにしておくことが望まれます。

　できれば，回転日数の長期トレンドが増加傾向を示している場合には，粉飾のアラーム警告がシステム表示されるようになっていると，なお使い勝手がよいと思います。

　一方で，融資金額も大きく，保全不足も大きな融資先については，できるだけ手作業で分析する部分を残しておくことが必要だと思います。

　毎月の試算表を取り寄せ，実際に時系列データを自分で作成し，大きな変動に対しては直接融資先に問い合わせて，その理由を確認すると行った作業は，個々人の財務分析能力を高めるのに有効であるばかりでなく，実際の融資管理業務に対して非常に価値のあることだと思います。

　キャッシュフロー分析については，システム対応がなされていることが多いと思いますが，それだけでは実は不十分であると思います。

非経常的な事象によって分析結果が大きな影響を受けてしまうため，キャッシュフロー分析は，比較的システム対応に馴染まないというのが，実務を行ってきた私の正直な感想です。

ですから，**重要と思われる融資先**については，**できるだけ手作業でキャッシュフロー分析を行う**ことが望まれます。

もっともシステム対応として，直前4決算のうち3決算以上においてシステム上で算定されるキャッシュフローがマイナスになった場合には，粉飾のアラーム警告がなされるようなシステムを構築しておくことも有効ではないかと思います。

3．自己査定ルールとの関係

自己査定は恣意的に行われることを排除する必要があるため，統一的なルールで行うことが重視されます。

また，迅速に行うことも必要とされます。

結果として，決算書上における表面的な数値をもとに，過度に形式的な判断がなされる傾向にあるように思います。

しかし，利益や赤字の金額が，中小企業の収益力を適切にあらわしていないことは，今までみてきたとおりです。

同様に，決算書は非常に粉飾されやすいという実態がある以上，表面的な決算書が債務超過になっているかどうかも，実はあまり重要ではないはずです。

そのあたりを十分に加味しながら迅速な査定ができるよう，何らかの対応を行うことが望まれます。

　表面的な決算書にあらわれてこない資産の含み損益等に対して，それを実態修正するためのルールも統一的に行われるため，どれだけ金額が小さくても仮払金や有価証券は時価情報によって修正をしていると思います。

　一方で，金額的には断然重要といえる売上債権や在庫については，まったく実際修正を行っていないようなケースも散見されるのが実態ではないでしょうか。

　売上債権や棚卸資産については，長期の増加傾向等によって粉飾による不良資産を推測しながら，もっと積極的に実態修正を行うことが必要だと思います。

　財務分析で把握できるのは，あくまで不良資産の推測額です。

　推測額ではありますが，とても重要な修正ですので，何も修正しないよりは推測額のままで実態修正を行うほうが，より保守的であり望ましいことは明らかです。

　査定は査定として，統一的な手続きによって迅速に行う必要があるでしょうし，当局検査に対応しておくことが必要だと思います。

　しかし，それだけでは決して十分とはいえないはずです。

　融資判断に必要な他の情報についても，より有用な方法で格付けシステムに織り込むよう，対応を検討すべきではないかと思います。

　融資に対する審査業務は，自己査定結果の情報のみで行うものではありません。

　自己査定における債務者区分にはあまり関係のない保全状況や，比較的自己査定には反映させていない定性分析結果によって，実際の融資審査は行うことになると思います。

　ですから，システムからアウトプットするデータとしては，自己査定

用の格付データ以外にも，いくつかのデータをアウトプットして，それらを総合して多面的な融資判断を行うことが望ましいように思います。

　中小企業の財務分析について，試算表による分析は難しいことはすでに説明しました。

　そのことと合わせて考えれば，きちんと財務分析ができるタイミング，つまり決算書が出来上がるタイミングで十分な分析のうえで適切な格付けを行い，その情報を基本的には次の決算までの1年間維持しながら，融資判断や自己査定を行うのがよいと思います。

　それ以外の時期については，保守的に行う迅速なランクダウンと，よほどのときにのみ行う慎重なランクアップで対応することがよいのではないでしょうか。

付：確認テスト

(問題1)

　Aのような貸借対照表が，A′のように粉飾されていました。

　▲70の債務超過を解消するために，どの勘定科目の金額をどのように調整したでしょうか。

A （粉飾前）

科　　目	金　　額	科　　目	金　　額
現 金 預 金	103	買　　掛　　金	174
売　　掛　　金	258	短 期 借 入 金	342
在　　　　庫	120	未　　払　　金	23
建　　　　物	181	長 期 借 入 金	531
車 両 運 搬 具	30		
土　　　　地	250	負 債 合 計	1,070
器 具 備 品	41	資　　本　　金	10
そ　の　他	17	利 益 剰 余 金	▲80
		純 資 産 合 計	▲70
資 産 合 計	1,000	負債・純資産合計	1,000

A′ （粉飾後）

科　　目	金　　額	科　　目	金　　額
現 金 預 金	103	買　　掛　　金	174
売　　掛　　金	258	短 期 借 入 金	342
在　　　　庫	220	未　　払　　金	23
建　　　　物	181	長 期 借 入 金	531
車 両 運 搬 具	30		
土　　　　地	250	負 債 合 計	1,070
器 具 備 品	41	資　　本　　金	10
そ　の　他	17	利 益 剰 余 金	20
		純 資 産 合 計	30
資 産 合 計	1,100	負債・純資産合計	1,100

〔解答欄〕

問題2

Bのような貸借対照表が，B′のように粉飾されていました。

▲700の債務超過を解消するために，どの勘定科目の金額をどのように調整したでしょうか。

B （粉飾前）

科　目	金　額	科　目	金　額
現 金 預 金	1,030	支 払 手 形	2,315
受 取 手 形	765	買 　掛　 金	320
売 　掛　 金	1,890	短 期 借 入 金	3,200
棚 卸 資 産	2,015	未 　払　 金	235
短 期 貸 付 金	365	未 払 法 人 税 等	10
未 収 入 金	160	未 払 費 用	225
前 　渡　 金	10	預 　り　 金	50
前 払 費 用	145	賞 与 引 当 金	120
立 　替　 金	55	長 期 借 入 金	4,025
仮 　払　 金	50	退職給付引当金	200
貸 倒 引 当 金	▲15		
建 　　　 物	600		
構 　築　 物	85		
機 械 装 置	375		
車 両 運 搬 具	30		
器 具 備 品	10		
土 　　　 地	1,803	負 債 合 計	10,700
電 話 加 入 権	5	資 　本　 金	100
投 資 有 価 証 券	250	利 益 剰 余 金	▲800
保 険 積 立 金	115		
保 　証　 金	20		
長期前払費用	87		
そ の 他	150		
		純 資 産 合 計	▲700
資 産 合 計	10,000	負債・純資産合計	10,000

B′（粉飾後）

科　目	金　額	科　目	金　額
現 金 預 金	1,030	支 払 手 形	2,315
受 取 手 形	765	買 掛 金	320
売 掛 金	1,990	短 期 借 入 金	3,200
棚 卸 資 産	2,115	未 払 金	235
短 期 貸 付 金	465	未 払 法 人 税 等	10
未 収 入 金	260	未 払 費 用	225
前 渡 金	110	預 り 金	50
前 払 費 用	245	賞 与 引 当 金	120
立 替 金	155	長 期 借 入 金	4,025
仮 払 金	50	退職給付引当金	200
貸 倒 引 当 金	▲ 15		
建 物	600		
構 築 物	85		
機 械 装 置	375		
車 両 運 搬 具	30		
器 具 備 品	10		
土 地	1,803	負 債 合 計	10,700
電 話 加 入 権	5	資 本 金	100
投 資 有 価 証 券	350	利 益 剰 余 金	200
保 険 積 立 金	115		
保 証 金	20		
長 期 前 払 費 用	187		
そ の 他	250		
		純 資 産 合 計	300
資産合計	11,000	負債・純資産合計	11,000

〔解答欄〕

問題3

次に掲げた会社の損益計算書は，利益調整前は（a）のようでした。当期純利益は，25の赤字です。そのままでは見た目が悪いので，

　（借）期末在庫30／（貸）売上原価30

という仕訳操作をしました。

　利益調整後の損益計算書，貸借対照表を作成しなさい。

（利益調整前）

損益計算書（a）

売 上 高		100
売 上 原 価		
期首在庫	15	
当期仕入	75	
期末在庫	▲20	70
売上総利益		30
販 管 費		25
営業利益		5
営業外費用		30
経常利益		▲25
当期純利益		▲25

貸借対照表（a）

科　目	金額	科　目	金額
現 金 預 金	12	買　掛　金	20
売　掛　金	26	借　入　金	90
在　　　庫	20		
未　払　金	5	負債合計	110
建　　　物	15	資　本　金	10
土　　　地	18	利益剰余金	▲20
そ　の　他	4		
		純資産合計	▲10
資産合計	100	負債・純資産合計	100

（利益調整後）

損益計算書（b）

売 上 高		100
売 上 原 価		
期首在庫	15	
当期仕入	75	
期末在庫	（　）	（　）
売上総利益		（　）
販 管 費		（　）
営業利益		（　）
営業外費用		30
経常利益		（　）
当期純利益		（　）

貸借対照表（b）

科　目	金額	科　目	金額
現 金 預 金	12	買　掛　金	20
売　掛　金	26	借　入　金	90
在　　　庫	（　）		
未　払　金	5	負債合計	110
建　　　物	15	資　本　金	10
土　　　地	18	利益剰余金	（　）
そ　の　他	4		
		純資産合計	（　）
資産合計	（　）	負債・純資産合計	（　）

問題4

　次に掲げる決算書は粉飾されており，売上高と売掛金が40ずつ過大計上されています。粉飾前の決算書における以下の数値を答えなさい（小数点2位以下を四捨五入）。

粉飾後貸借対照表

科　目	金　額	科　目	金　額
現 金 預 金	26	買 　掛 　金	37
売 　掛 　金	86	借 　入 　金	139
在 　　　庫	27	負債合計	176
未 収 入 金	16	資 　本 　金	10
建 　　　物	8	利益剰余金	16
土 　　　地	17		
そ 　の 　他	22	純資産合計	26
合 　　　計	202	合 　　　計	202

粉飾後損益計算書

科　目		金　額
売 　上 　高		216
売 上 原 価		
期首在庫	35	
当期仕入	116	
期末在庫	▲ 27	124
売上総利益		92
販 　管 　費		65
営 業 利 益		27
営業外費用		11
経 常 利 益		16
当期純利益		16

① 　当期純利益（損失の場合は▲を付すこと）　　　＿＿＿＿＿＿

② 　売上総利益　　　＿＿＿＿＿＿

③ 　売上総利益率　　　＿＿＿＿＿＿％

④ 　売掛金　　　＿＿＿＿＿＿

⑤ 　売掛金回転日数　　　＿＿＿＿＿＿日

付：確認テスト（解答）

[問題1]

在庫の金額を，資産合計の10％である100過大計上している。

【解説】

在庫の金額がおおむね倍増しています。

このような大きな変化には気がつきたいものです。

本当に在庫が増えてしまっている場合もありますが，粉飾をされている可能性も高いと思います。

A（粉飾前）

科　目	金　額	科　目	金　額
現 金 預 金	103	買 　掛 　金	174
売 　掛 　金	258	短 期 借 入 金	342
在 　　庫	**120**	未 　払 　金	23
建 　　物	181	長 期 借 入 金	531
車両運搬具	30		
土 　　地	250	負 債 合 計	1,070
器 具 備 品	41	資 　本 　金	10
そ の 他	17	**利 益 剰 余 金**	**▲80**
		純 資 産 合 計	▲70
資 産 合 計	1,000	負債・純資産合計	1,000

A′（粉飾後）

科　目	金　額	科　目	金　額
現 金 預 金	103	買 　掛 　金	174
売 　掛 　金	258	短 期 借 入 金	342
在 　　庫	**220**	未 　払 　金	23
建 　　物	181	長 期 借 入 金	531
車両運搬具	30		
土 　　地	250	負 債 合 計	1,070
器 具 備 品	41	資 　本 　金	10
そ の 他	17	**利 益 剰 余 金**	**20**
		純 資 産 合 計	30
資 産 合 計	1,100	負債・純資産合計	1,100

[問題2]

　10の科目（売掛金，棚卸資産，短期貸付金，未収入金，前渡金，前払費用，立替金，投資有価証券，長期前払費用，その他）について，それぞれ資産合計の１％である100ずつ，合計1,000過大計上している。

【解説】

　各科目の金額は，それぞれ少額しか過大計上されていないため，たとえ総額で総資産の10％も過大計上されていても，目につきにくいものです。

　たとえば１つの科目で粉飾を見つけたとしても，他の９つはわからないといったことが生じます。

　ただし，一つでも見つけた場合には粉飾の可能性が比較的高い決算書であるという認識を持つことが重要です。

　このような粉飾を行ってもキャッシュフローは増えません。

　念のためにキャッシュフロー分析まで行うならば，赤字体質であることが浮き彫りにできる可能性が高くなります。

問題3

（利益調整後）

損益計算書（b）

売 上 高		100
売 上 原 価		
期首在庫	15	
当期仕入	75	
期末在庫	▲ 50	40
売上総利益		60
販 管 費		25
営業利益		35
営業外費用		30
経常利益		5
当期純利益		5

貸借対照表（b）

科　目	金　額	科　目	金　額
現 金 預 金	12	買 掛 金	20
売 掛 金	26	借 入 金	90
在　　庫	50		
未 払 金	5	負債合計	110
建　物	15	資 本 金	10
土　地	18	利益剰余金	10
そ の 他	4		
		純資産合計	20
資産合計	130	負債・純資産合計	130

【解説】

　粉飾とは，最初に「通常の会計処理による利益を計算」し，次に「最終的に目指している最終利益」を決めて，最後に「その差額（粉飾額）をどの勘定科目で処理するか」を決める作業です。

　粉飾した金額分だけ，貸借対照表上で何かしら資産が増額（もしくは負債が減額）されます。

　資産を増やしたり負債を減らしたりしても目立たないよう，問題2のように多くの科目で粉飾をされると，粉飾に気が付きにくいかもしれません。

　しかし，多額の粉飾を行う必要がある場合は，この事例のように大半は在庫（もしくは売掛金）が用いられます。

【問題4】

① 当期純利益　　　▲24
② 売上総利益　　　52
③ 売上総利益率　　29.5％
④ 売掛金　　　　　46
⑤ 売掛金回転日数　95.4日

【解説】

① 当期純利益　　　$16-40=▲24$
② 売上総利益　　　$92-40=52$
③ 売上総利益率　　$(92-40)／(216-40)=29.5％$
④ 売掛金　　　　　$86-40=46$
⑤ 売掛金回転日数　$(86-40)／(216-40)÷365=95.4日$

粉飾前の貸借対照表

科　目	金　額	科　目	金　額
現 金 預 金	26	買　掛　金	37
売　掛　金	46	借　入　金	139
在　　　庫	27	負債合計	176
未 収 入 金	16	資　本　金	10
建　　　物	8	利益剰余金	▲24
土　　　地	17		
そ の 他	22	純資産合計	▲14
合　　計	162	合　　計	162

粉飾前の損益計算書

科　目	金　額	
売　上　高		176
売 上 原 価		
期首在庫	35	
当期仕入	116	
期末在庫	▲27	124
売上総利益		52
販　管　費		65
営 業 利 益		▲13
営業外費用		11
経 常 利 益		▲24
当期純利益		▲24

　貸借対照表に粉飾（不良資産）が見つかった場合，それに合わせて損益計算書も修正をしてから，増減分析等を行うことが大切です。

あ と が き

　ほとんどの中小企業は，経営者一族が得をするように，会社経営を行っています。

　ですから，今までに見てきたように，財務分析の中心的な目的である収益力の判断についても，中小企業と経営者一族を合わせて収益力を把握することが不可欠です。

　中小企業における決算書は，法人税や所得税等を合わせた納税負担等がより軽く済むような観点で，役員報酬や経営者一族に対する地代家賃等を決定しながら，その結果として当期純利益を確定させる傾向にあります。

　税法等が改正されれば，それに合わせた対応をとるものと思われるため，税法の知識は財務分析にとても役に立ちます。

　現状の税法を基準に考えるならば，中小企業は儲かるほど役員報酬や経営者一族に対する地代家賃等を増額するとともに，交際費等で贅沢をする傾向にあります。

　さらに儲かれば，節税目的の金融商品を購入等したり，多額の退職金を支払って役員を退職させたりすることでしょう。

　一方，業績が悪化しはじめると，その逆をたどりながら赤字決算を回避し，それでも赤字になりそうになると粉飾を行うのが，現状では非常によく見受けられる中小企業の行動パターンとなっています。

　とくに売上債権や棚卸資産を過大計上を用いた粉飾手法は，非常によく見かける方法となっています。

　これについても，適切な決算書であるという監査証明をつけることで借入金利が大幅に優遇されたり，逆に粉飾決算に対する社会的な制裁が

強くなったりすれば，中小企業の対応は変化すると思われるため，これらの動向も目が離せないところです。

　いずれにしても，中小企業の財務分析においては，中小企業の決算実務に関する知識が大変役に立ちます。

　本書では，それらのパターンを説明するとともに，その逆読みをすることで会社のおかれている収益状況等を推測する方法を説明してきました。

　一般的な解説書で説明されている財務分析の方法とは，大きく異なる内容ばかりだったと思います。

　中小企業の決算実務を知らない人にとっては，はじめて聞くような分析方法も多々含まれていたのではないでしょうか。

　しかし，その分析方法は非常に簡潔であるにもかかわらず，たいへん実務に役立つものが多いはずです。

　私が中小企業の決算書に対する財務分析を実際に行ってきた中で，精度を高めながら確立した方法であり，中小企業の財務分析にとって非常に有効であることを，私自身が実務において実感しているからです。

　ぜひとも本書で説明してきた財務分析ノウハウを自分のものにして，粉飾決算にだまされないように十分な財務分析を行っていただきたく思います。

———— 著 者 略 歴 ————

石田 昌宏（いしだ・まさひろ）
　1968年名古屋生まれ。
　早稲田大学理工学部を卒業した平成3年に公認会計士第2次試験に
合格。
　資格の学校TAC（専任講師），青山監査法人（現在：PwCあらた監
査法人），公認会計士 辻会計事務所（現在：辻・本郷税理士法人），
財務省東海財務局金融証券検査官を経て，現在，株式会社タクミ
コンサルティング代表取締役，公認会計士・税理士。

粉飾決算の見分け方 増補改訂版

2008年12月15日　初版第1刷発行
2021年11月24日　増補改訂版第1刷発行
2022年 4 月25日　増補改訂版第2刷発行

〔検印廃止〕　著　者　石　田　昌　宏
　　　　　　　発行者　中　野　進　介

発行所　株式
　　　　会社**ビジネス教育出版社**
〒102-0074　東京都千代田区九段南4-7-13
☎03(3221)5361(代表)　FAX：03(3222)7878
E-mail info@bks.co.jp http://www.bks.co.jp

© Masahiro Ishida 2021 Printed in Japan　　印刷・製本／㈱啓文堂
落丁・乱丁はお取り替えします。
ISBN 978-4-8283-0925-5